Janela
de
Dramaturgia

CIP-Brasil. Catalogação na Publicação
Sindicato Nacional dos Editores de Livros, RJ

J33
    Janela de dramaturgia : livro 1 / organização Sara Pinheiro , Vinícius
Souza. - 1. ed. - São Paulo : Perspectiva, 2016.
    232 p. ; 23 cm. (Janela da dramaturgia ; 1)

    Continua com: Janela de dramaturgia: livro 2
    ISBN 978-85-273-1062-8

    1. Teatro brasileiro (Literatura). I. Pinheiro, Sara. II. Souza, Vinícius.
III. Série.

16-34121

CDD: 869.2
CDU: 821.134.3(81)-2

24/06/2016   27/06/2016

Equipe de realização – Supervisão editorial: J. Guinsburg; Edição de texto:
Marcio Honorio de Godoy; Revisão: Gabriel V. Lazzari; Capa e projeto gráfico: Sergio Kon; Produção: Ricardo W. Neves, Sergio Kon, Lia N. Marques,
Luiz Henrique Soares e Elen Durando.

Direitos reservados em língua portuguesa à

EDITORA PERSPECTIVA S.A.

Av. Brigadeiro Luís Antônio, 3025
01401-000 São Paulo SP Brasil
Telefax: (11) 3885-8388
www.editoraperspectiva.com.br

2016

Sara Pinheiro
Vinícius Souza
(organização)

Janela de Dramaturgia

Livro 1

Apoio   Realização

Sumário

Nota de Edição   7

Cúmplices das Palavras
Luciana Eastwood Romagnolli   11

LIVRO 1

Cada Cor Tem um Cheiro
João Valadares   19

CômodoS
João Filho   39

E Se Fosse o Byron?
Sara Pinheiro   49

Fábrica de Nuvens
Daniel Toledo   69

Fodo
Wester de Castro   91

Get Out!
Assis Benevenuto 121

Isso é Para Dor
Byron O'Neill 141

João e Maria
Raysner de Paula 169

O Leão no Aquário
Vinícius Souza 187

Silvia e Os Outsiders,
ou Canção Bandeirosa Irracional n. 6
Marina Viana 215

Nota de Edição

Janela de Dramaturgia é uma mostra anual de escrita teatral contemporânea em Belo Horizonte, idealizada pelos dramaturgos Sara Pinheiro e Vinícius Souza. Desde 2012, promove na cidade ações de compartilhamento, estímulo e discussão de textos teatrais do nosso tempo. Este livro pertence a uma coleção que reúne os textos mostrados nas três primeiras edições do projeto, de 2012 (volume 1), 2013 (2) e 2014 (3). São dramaturgias contemporâneas de autores mineiros.

Vinícius,

O céu está nublado. O ar entra quente. Alguma coisa cresce. Pá pá pá pá pá pá. É o ritmo contínuo da martelada na quadra ao lado. Há também o choro incessante de Ítalo. Ele pede à avó, mais uma vez, para ir lá fora. Não é hora! Pode chover e carros passam velozes nesta rua. Me vem o pensamento óbvio de que os homens criaram suas primeiras habitações com o intuito de se protegerem dos perigos externos. Assim também se passou com nosso projeto. Para cada criança, o acolhimento do lar. Mas era preciso não sufocar a criança. Não resguardar demais a ideia. Era preciso expandir o desejo mesmo ainda sendo púbere debaixo do teto.

Era preciso cumplicidade entre o real de dentro e o real de fora.

Olha! Parece que vai chover – da sala, você vem e me mostra.

Escuto uma obra em construção. O barulho contínuo. Ítalo para de chorar. Ele agora come chocolate. Escuto e imagino-o se lambuzando. Vejo que realmente vai chover, mas não importa.

A Janela se abre. A cidade invade o texto.

Muito amor e merda no dia de hoje!

Sara

Belo Horizonte, 25 de setembro de 2012.
(Primeira sessão do Janela de Dramaturgia)

Sara,

Antes de tudo, antes de uma ideia, era uma vista — sobre a cidade, alargada aos nossos olhos. Aí virou uma possibilidade de escrita e de encontro. Agora vira página, faz um retrato da paisagem, do movimento.

Já disseram por aí que todo livro é uma janela. Melhor para nós. Juntamos as coisas.

Vinícius.

20 de junho de 2015.

Cúmplices das Palavras

Primeiro vem a palavra. Dramaturgia: um conceito-hidra, tentacular, diria a pesquisadora portuguesa Ana Pais em *O Discurso da Cumplicidade*[1], apontando caminhos abertos por Bertolt Brecht e pela performance para desprendê-lo da escrita *stricto sensu* e, como no mito grego, deixar irromperem múltiplas cabeças do que se entende por dramaturgia. Do ator. Da luz. Do espaço. Para além da palavra: dramaturgia como o reverso da encenação, o côncavo de um objeto convexo, o avesso da costura, os fios e nós escondidos. Mais longe chegaram Cathy Turner e Synne Behrndt[2], com definições de dramaturgia como arquitetura, orquestração, ato de montagem. A interconexão das coisas no mundo. Vistas por quantas janelas?

Eis um paradoxo: a janela é o recorte que amplia a visão.

Estes três volumes de textos teatrais escritos dentro do projeto Janela de Dramaturgia percorrem o território da dramaturgia como tessitura de palavras, já atravessado, contudo, pelos outros tantos sentidos que o conceito pode gerar. São textos que mais ou menos cabem no papel: ora

1. Ana Cristina Nunes Pais, *O Discurso da Cumplicidade: Dramaturgias Contemporâneas*, Lisboa: Colibri, 2004.

2. Cathy Turner; Synne K. Behrndt, *Dramaturgy and Performance*, Nova York: Palgrave Macmillan, 2008.

12   cúmplices das palavras

são literários os saltos que dão; ora a literatura é trampolim. Essas escritas para a cena antecedem a sala de ensaio, embora prevejam--na muitas vezes.

Faria essa geração de autores belo-horizontinos parte de um movimento de retorno à escrita de gabinete? De todo modo, o gabinete já não é o mesmo: não mais espaço isolado, mas permeável pela cena – onde atores, diretores e dramaturgos vão cuidar das palavras e trabalhar a imaginação que se fará carne no palco. O gabinete hoje se questiona o quanto ele, em si, também é cena.

Uma década depois, as palavras soltas no mundo por dois dramaturgos de uma geração anterior, Anderson Aníbal e Grace Passô, ainda ecoam nesse grupo, por vezes como vontade de metáfora e de encontrar formas de fabulação contemporâneas. Outras, distantes nos procedimentos, contornos, estruturas e substâncias, mas não na vontade de palavra, na crença na escrita, que em alguma medida deles herdaram.

Se é possível parafrasear Jean-Luc Godard – e se a palavra for imagem, então será possível –, mais do que a busca pela palavra justa, o que se busca é *justo uma palavra*. Palavra-valise, palavra-casa, palavra-janela, palavra-corpo, palavra-ação. O ato de criação se faz no corpo a corpo com a linguagem. Mais do que meio, a palavra é território de conflitos e de tensões. Elemento primordial para a estruturação formal e simbólica das obras.

Gestos

Então há de se dizer com todas as letras: a escrita dramatúrgica está viva em Belo Horizonte nesta segunda década do século XXI. Distintos, vários, os textos aqui reunidos aparentam nascer da necessidade de liberar a voz agarrada na garganta, seja como jogo de palavras ou show de rock. Mesmo que falte sentido, mesmo que falte propósito, mesmo que toque o absurdo ou percorra o próprio rabo em círculos. É preciso dizer para existir.

Diante dessa geração unida pela vontade de escrita, que se apresenta em suas potências e contradições, não cabe confinar essa pulsão criativa em rótulos, embalagens ou palavras aprisionadoras; taxar vertentes ou tendências seria prematuro e redutor. Defini-las seria sufocá-las. Mas há alguns gestos que se repetem – e os olhares que se deitarão a partir da leitura destas páginas sobre este mesmo conjunto poderão encontrar outros.

Um gesto notável é o do ator que toma para si a responsabilidade da escrita daquilo que diz e daquilo que faz, até que se embaralhem os lugares de atuador e de dramaturgo. Análogo talvez ao bailarino-criador, que ultrapassa a função de intérprete para assumir a composição coreográfica, há uma reincidência de atores que escrevem, contaminando a palavra grafada com a experiência da vocalidade e da performatividade. Assis Benevenuto, Luísa Bahia, Marcos Coletta, Marina Viana, Raysner de Paula, Sara Pinheiro, Vinicius Souza fazem parte desse grupo, sem por isso descuidar da dimensão literária dos textos que colocam no mundo. Quando o dramaturgo escreve pautado no ator que ele mesmo é, a palavra nasce para ser voz, com uma prosódia particular e um caráter íntimo, às vezes intimista – o que não impede que outro a diga. Eis um bom desafio para encenações futuras.

Em muitos dos casos vistos nas próximas páginas, esses e outros autores projetam suas vozes num universo contemporâneo comum de fábulas fraturadas, conversacionais, desdefinição do drama (expandindo em modos micro, infra ou pós-dramáticos) e impulsos performáticos. O fio da história raramente se desenrola linearmente; enovela-se, ganha nós, rupturas; outras vezes são fios soltos, apenas pontos, vazios, furos. A performatividade da palavra vem acentuada. É ação no mundo ficcional e *real*, seja pelo diálogo, seja pela narrativa ou em diálogos narrativos.

Dramático, épico e lírico convivem com suas contradições, compondo formas complexas. A clássica polarização entre tragédia e comédia dá lugar a narrativas híbridas também por seus humores, nas quais a melancolia ou angústia destituem o sentido trágico. Já o sentido de absurdo resiste, dominante ou subjacente (como nas escritas de Byron O'Neill e Daniel Toledo, entre outros). Mas já não se espera Godot, a cidade urge. O fora, a rua, é território conflituoso de injustiças sociais e violência; o dentro não o ignora ainda que não assuma uma postura abertamente combativa. Faz-se o teatro da micropolítica.

Nesse sentido, parece determinante o Janela de Dramaturgia habitar a sede do grupo Espanca!, no baixo centro de Belo Horizonte, a poucos passos da Praça da Estação, palco privilegiado para a mobilização política jovem – estendendo esse conceito de juventude ao curso dos 30 anos, como vemos na prática de nossos dias. Ainda que os autores sejam independentes, não se deve desconsiderar a potência política que irradia daquele espaço cênico, frequentado por grande parte deles também em outros projetos artísticos ao longo do ano e um dos pontos centrais na rede de trocas artísticas do teatro de grupo da capital mineira. Ecos dos movimentos Praia da Estação e Fora Lacerda, além de questões trabalhistas, dentre outras, irrompem como posicionamentos políticos tomados sob forma estética em uma parcela dos textos.

De modo semelhante, é possível pensar a metalinguagem e a metateatralidade constitutivas de parte destes textos como uma reflexão sobre estruturas e procedimentos que não se circunscrevem ao teatro, mas, sim, como arte que investiga a vida e, igualmente, as suas estruturas e procedimentos. Recai sobretudo na própria língua e em sua enunciação, por vezes sobre um fundo filosófico e o entendimento de que o ser só existe enquanto linguagem. Pela palavra performativa, criam-se então mundos linguísticos: a língua como aquilo que, ao nomear algo, torna-o visível, audível, concebível.

Outro gesto reincidente é o relacional, que transfere o foco de atenção do eixo intraficcional enfraquecido (inclusive por reduzido número de personagens, personas ou vozes) para o eixo extraficcional, o da relação palco-plateia. São dramaturgias conviviais na medida em que reforçam e colocam em evidência a relação de copresença dos corpos no mesmo espaço-tempo, por meio do dialogismo com os espectadores, de elementos dêiticos e outras estratégias de implicação do espectador e do aqui e agora compartilhados na dramaturgia. Em certos casos, ressignificando o acontecimento teatral ao conceder um papel ficcional ao público.

Cria-se assim uma atmosfera de cumplicidade e, por vezes, novamente, de intimidade com a plateia. Juntos, metateatralidade e gesto relacional permitem então a problematização do acontecimento teatral, tautológica ou irônica, como quem diz (no texto de João Valadares, literalmente) "isto é cena" e gera um curto-circuito duchampiano. Assim, o espectador é implicado não como um indivíduo destinado a imergir na ficção suspendendo sua descrença, mas um cúmplice no jogo forjado entre apresentação e representação, real e ficcional.

No sentido oposto, vemos rubricas metafóricas, cuja simbologia sobrepõe a indicação factual para a encenação. A didascália faz-se personagem oculta – mais um dos desafios que textos pensados para a leitura cênica guardam para futuras encenações e que podem gerar formas insuspeitadas.

No conjunto, mais que os temas, sobressaem as experimentações formais e o tratamento inventivo dado ao tempo, como matéria maleável. Amor, morte, família, liberdade, religião: tópicos universais são destrinchados num campo de estranhezas e contradições. Campo vário onde há espaço para a métrica e o jorro, o espaço figurativo e o abstrato, a poesia do lúdico e a do grotesco, a atualização da tradição pela intertextualidade, as aproximações à linguagem cinematográfica, a construção e a desconstrução, por vezes numa mesma obra sujeita a súbitas mutações, a sentidos moventes e à destinerrância.

Por entre estes textos, corre um entendimento de dramaturgia destinada mais a criar ambiguidades e incertezas do que explicações, a abrir janelas em vez de fechar. Sempre deixando migalhas pelo caminho para que o espectador não se perca por completo.

Cenas armadas não somente como representação de um passado ou de um fora, mas como geradoras de afetos no agora. É tempo de libertá-las pela leitura de cada um, para a cena da mente ou para a cena do mundo.

Luciana Eastwood Romagnolli[3]

3. Luciana Eastwood Romagnolli é jornalista e crítica de teatro. Mestre em Artes pela EBA/UFMG e doutoranda em Artes Cênicas pela ECA/USP. Fundadora e editora do site horizontedacena.com. É coordenadora de crítica do Janela de Dramaturgia.

LIVRO

Cada Cor Tem um Cheiro

João Valadares

Objetos:
garrafas de vinho, almofadas e luminárias.
Espaço:
sala de teatro/cena do crime.

Cena 1

O ator recebe a plateia, está vendado. Ele está assustado e acuado.
Algo aconteceu anteriormente. Percebemos um desespero contido
em seus modos. Ele organiza as garrafas e almofadas. Vai tam-
bém, aos poucos, acendendo as luzes. Fala com a plateia como
se esta fosse muito íntima dele, muito cúmplice.

> Sejam bem-vindos... Por favor, não toquem em nada! Não podemos espalhar as sujeiras... Não posso deixar marcas! A minha mãe dizia que para se ajeitar as coisas há de se ter cautela.

(Derruba a garrafa.)

> Eu estou calmo!... Já vou limpar essa bagunça...
> Na primeira carta... Ele está sujando tudo... Na primeira carta que lhe enviei...

(Dirigindo-se a uma garrafa.)

> Não vai parar de fazer barulho?

(Pega a garrafa, tira a venda e lê o rótulo.)

22   cada cor tem um cheiro

Gato Negro. Cabernet Sauvion. Safra 2007. Abri esta numa reunião de amigos aqui em casa. Nesse dia bebi pra caramba! Fiquei cantando aquela música... Como é mesmo?

(*Começa a murmurar uma canção.*)

"Você é meu caminho, meu vinho, meu vício desde o início estava você. Meu bálsamo..."

(*Mas a interrompe.*)

Vai dar muito trabalho para limpar essa bagunça.

(*Ator cai, derrubando uma garrafa de vinho. Deitado, olha o líquido que entorna até o fim. Acalma-se um pouco.*)

Finalmente! Silenciou!... Eu estou calmo! Eu estou calmo!... Não!! Eu não sou louco! Talvez... você! Talvez você me entenda... Você acha que eu estou louco? Eu ainda posso ver! Posso ver todas as coisas, todos os fatos. Todos os detalhes desta cena.

(*Fala sobre as coisas do momento.*)

Posso até ver o rosto de vocês, como, naquele dia, vi o rosto contraído de Matilde... Seu suspiro sufocado. Não, eu não posso estar errado...

Ele teve em contrapartida a justiça que lhe cabia. Provavelmente não percebeu que os gritos traziam fome na sonoridade. Provavelmente não interferiu com o dedo no gozo já concebido, não sabia que assim ela replicaria em um suspiro e dois gemidos. Dava para entender o céu em dois segundos.

É como se as estrelas morassem dentro dela. Dava para entender o céu em dois segundos...

Eu escrevi isso para ele... A primeira carta que lhe enviei foi depois do seu julgamento. Eu acompanhei todo o processo, e logo após a sua sentença, já lhe enviei uma correspondência, a primeira entre tantas outras que durariam sete anos! Nas cartas, eu descrevia a Matilde como só eu a conhecia: o cheiro, a pele, os pelos do braço. Matilde nunca raspou os pelos do braço. Era uma pequena floresta com arvorezinhas envergadas para baixo que balançavam com o vento. Abrigavam uma fauna micro-orgânica incrível... Eu descrevia cada detalhe do seu corpo... Eu fico pensando que ele, ao ler as cartas, ele provavelmente ficava se perguntando: como você pode ter tanta certeza de como ela era? Você é cego!

(*Coloca a venda, resignado.*)

Eu sou cego...

(*Como se chamasse alguém.*)

Ceguinho! Ceguinho!... Eu também contei pra ele da minha cegueira na primeira carta, e nas cartas seguintes ampliei o assunto: meus planos com Matilde, nossas brigas, desejos. Nosso primeiro encontro...

Cena 2

Espaço: quarto. Ator massageando uma almofada/a mãe.

— Mãe, você me leva até a floricultura?

— Do lado da padaria? Não sabia...

— Nada não, quero sentir o cheiro das rosas.

— Eu sei, mas as do jardim são rosas e eu quero sentir o cheiro das vermelhas.

— Por nada. Curiosidade...

— Claro que tem. Cada cor tem um cheiro.

— A Matilde. Ela faz cromoterapia.

— Sim, aquela moça que tem seção às terças e quintas à noite.

— Claro que não, né, mãe! Mas ela é linda, né?

— Ela me deixou pegar em seu rosto.

— Mas ela não é uma cliente qualquer

24 cada cor tem um cheiro

(*Bravo.*)

— ela é minha amiga.

— Mãe, não tem nada demais. Já te falei que somos apenas amigos. Por que não posso tocar em seu rosto? Gosto de conhecer os meus amigos.

(*Tira a venda.*)

É claro que minha mãe nunca acreditaria nessa história... Vou ter que arrumar outro jeito... Quanto será que custa um buquê, hein?

Cena 3

Coloca a venda. Espaço: Uma praça. Garrafas como buquê de rosas.

Para você, querida! É que as rosas eram tão lindas que tive o impulso de te entregar!... Não! Que cada pétala sirva-lhe como um incentivo para que continue a ser a rosa cheirosa que você é...

(*Ri.*)

Nossa, muito ruim. Humm... Vamos tentar algo direto e espontâneo. É o seguinte, tenho vinte e sete anos e nunca beijei uma mulher na vida. Te achei simpática e a "meteorologia" prevê chuva para hoje à noite. O que você acha de irmos para minha casa onde a gente pode se enroscar e... Seu cavalo de quatro patas, vai acabar espantando a mulher.

(*Respira fundo.*)

Oi Matilde, como vai? Eu queria te dizer umas coisas. É que eu sou um homem meio solitário nessa vida, não tenho muitos amigos e a minha mãe me ama demais para me escutar sem dar conselhos. Sozinho aqui, nesta praça, eu lembrei que naquele dia na massagem você me ouviu com atenção, não ficou me julgando... Por isso acabei gostando de você.

(*Se levanta rapidamente.*)

Cara! Não é que é isso mesmo? Minha mãe me protege tanto que eu não consigo me aproximar das pessoas. Até com os amigos homens é difícil. Desde a infância... Ela sempre implicou porque eles sentavam na minha cama. Excesso de zelo! Tinha medo dos micróbios que poderiam trazer da rua.

(*Para plateia, como no início.*)

Por favor, não toquem em nada!... Tinha medo de arranhar o tablado, sujar o assoalho. Ela pedia para deixarem os sapatos na porta, eu morria de vergonha...

(*Inquietude. Enquanto conta, tenta arrumar novamente o espaço e limpar o vinho derramado.*)

Vocês veem alguma mancha aqui? Eu fiz muita sujeira?... Desde a infância... Eu vou limpar!...

Cena 4

Da organização inquieta, o movimento do ator vai se transformando em uma "brincadeira com as garrafas e almofadas". Um espírito infantil invade a cena.

Quando eu tinha sete anos ganhei um carretel e aprendi a soltar pipas. Era evidente o meu jeito para a coisa. Sonhador que era, depositei meu mais sincero olhar naquele céu azul. Ansiando pelo vento puro que me levaria às alturas. Naquele tempo o bairro tinha poucas casas e de frente à casa do Buiu havia um terreno enorme, algo como uns oito lotes juntos que ligavam a rua de cima com a rua de baixo. No centro, uma mangueira gigante que abrigava em sua sombra uma verdadeira indústria das pipas. Dali saía em média umas quinze pipas por dia. Vinha criança do bairro todo para comprar pipa com o Buiu:

– Amanhã vou buscar bambu na Lagoa do Zé Felix.

Todo mundo ficava ansioso. Todo mundo sabia que se o bambu era bom não tinha como sair errado. O Buiu não errava em matéria de pipa e papagaio. No primeiro dia era como um festival. Era bonito de ver como um sujeito que se tornou servente de pedreiro tinha tanta sensibilidade. Nunca vi um papagaio seu que saísse igual ao outro. As folhas de seda tinham cada uma uma cor. Ele as combinava fazendo tiras, figuras geométricas, ícones como estrelas e luas. Quando chegava da escola eu via o Buiu debaixo do pé de manga compondo suas obras de arte. Almoçava correndo e ia logo para o seu lado, tentar absorver aquele dom. Com "uma" certa pontinha de orgulho, ele era meu amigo e todo mundo o respeitava, os pais e os filhos. Daí, quando tudo aquilo ia para o céu, eu ficava emocionado. Duas ruas acima e três abaixo, todas as crianças soltavam pipa ao mesmo tempo. Perfeitas, com uma sincronia harmoniosa.

Achava o Buiu um gênio. Ele era capaz de embelezar a cidade sem saber que o fazia. Acho que o Buiu foi o meu ídolo de infância...

Cena 5

Espaço: o quarto.

A Matilde nunca havia soltado uma pipa, mas ela também gostava de olhar para o céu. Ela gostava de dias ventosos e céu sem nuvens. Ficava absorta, quieta, calada. Quase não conseguia escutar sua respiração... Matilde? Matilde? É você quem está aí? Quer um copo d'água? Quer que lhe faça uma massagem hoje?...

joão valadares

Aquele dia a Matilde não me deu um bolo. Ela chegou na praça e até sentou do meu lado. Só que eu falei tanto, que ela não conseguiu dizer nada. Ficou constrangida de me interromper, principalmente porque eu descobria o tanto que minha mãe me sufocava. Acho que ela teve medo de tampar a brechinha que aquela praça abriu para que eu pudesse respirar...

Na nossa primeira noite, imaginem, tinha 27 anos e ainda era virgem.

(*Ri e tira a venda.*)

Se isso fosse teatro eu poderia pegar o texto na mão e incendiá-lo. Iria até o computador e deletava o arquivo. E pronto! Nem eu, nem vocês estaríamos aqui... Mas nós estamos e isso é real.

(*Recoloca a venda.*)

Então preciso dizer uma coisa...

É que tenho um complexo e agora que estou sozinho... Desculpem, não estou ignorando vocês. Sei que estão aí, posso sentir o sorriso daquela moça ali, posso sentir o julgamento antecipado de um por um. Mas é que vocês não podem entender o que eu sinto. E essa sala é muito grande, vazia. Cheia só de lembranças e disfarces... Mas então, quero falar sobre isso porque para mim é importante...

(*O ator sobe na cadeira, muito tímido.*)

Eu tenho o pinto pequeno!

(*Ri.*)

Como que eu sei? Digamos que fui uma criança tardia que brincou de médico depois de cega. Querem ver?

(*Abre o fecho da calça.*)

Não. Acho que não. Não vou mostrar porque não é justo. Eu não poderia ver a reação de vocês.

(*Ri e faz nova menção de abrir o fecho.*)

Seria até engraçado me ridicularizar na frente de todos. Mas não sei. O que tenho para falar é importante e vocês não iam conseguir se concentrar depois de ver o meu pinto.

O fundamental da coisa toda é que se teatro é uma coisa que se dá no presente ela tem que acontecer aqui, na vida que está acontecendo agora. Eu não poderia repetir a força que usei para matá-lo enquanto eu apertava o pescoço dele e ele parou de respirar. Não é uma questão de a peça ser bonita, ou ser aplaudida de pé. Corremos o risco de dar errado, mas tudo bem. A gente não vive para a coisa toda ser bonita, a gente vive para pensar coisas e tentar fazer alguma coisa pelo mundo. Daqui a pouco vocês vão embora, talvez emocionados, mas não é essa a questão. É estranho pensar que isso que é mundo agora pode ser teatro.

Já havíamos nos beijado muito. Sabe quando a gente beija tanto que os lábios ficam dormentes? Beijei tanto a Matilde que minha saliva acabou. O transformador da rua debaixo havia estourado e como estávamos sem luz, eu mesmo fui buscar água. Quando voltei, percebi um cheiro novo no quarto. Disse baixinho: Matilde, Matilde?

(Almofada como Matilde. Sensação da maciez de Matilde.)

Do centro da cama um perfume longo e tranquilo me respondeu. Tinha o tamanho do corpo de uma mulher. Pouca gente sabe, mas o nosso corpo respira e, é claro, quando estamos sem roupa essa respiração é muito mais evidente. O corpo de Matilde tinha uma respiração aconchegante. Emanava um cheiro de... um cheiro de... o corpo dela tinha um cheiro único: forte, rubro, de rosas vermelhas. Posso senti-lo agora. É diferente dos outros, enfim, era cheiro de Matilde.

Sentei-me ao seu lado e, quando toquei em seu ombro, senti que a respiração do corpo todo ficou mais densa. Encostei meus lábios em sua nuca e percebi que a temperatura do lençol aumentava. Ela estava arrepiada, não tinha outro desejo senão que a tocasse mais. Mais embaixo. Senti com a ponta dos dedos que cada pelo de suas pernas, que cada pigmento de sua pele se retraía. Não sei explicar, mas o cheiro a respiração, o calor – envolveram-me.

A Matilde não se apaixonou pelo tamanho do meu pinto. As pessoas não se apaixonam pelo tamanho do seu pinto. Elas se apaixonam pela maneira como são tocadas.

Cena 6

Aos poucos "a cena de amor" se transforma num frenesi. Ele se sufoca com a almofada, como se abafasse um grito, ou um gozo. Novo espaço: A casa do casal.

Eu já disse que vou arrumar. Já vou colocar o lixo pra fora! Que cheiro de vinagre… Hoje, depois da última sessão, eu passo no supermercado. O que você tem, Matilde?… Ela tinha mania de chorar quando não conseguia dizer o que sentia.

– Calma! Eu já disse que…
– Então o que foi?
– Tem dias, Matilde, que a gente acorda assim mesmo! Tem dias que todo barulho do mundo não diz nada…
– Vazio? Que vazio?
– Mas eu não te basto?
– De novo essa história, Matilde?
– Eu já disse que não quero!
– Não vamos começar tudo de novo!
– Eu não vou mais escutar isso, Matilde!!
– Lá lá lá… Não estou te escutando!!
– Eu?? Criança??!!
– Eu estou usando da razão!! Razão!! Eu não sou louco!
– Você sabe das probabilidades! 75% de chance de ser igual a mim!! Ceguinho, Ceguinho…

A Matilde me amava tanto, que tinha desejo de ver esse amor concretizado em um outro ser. Sua vontade era maior que o medo de qualquer imprevisto. Ela dizia que são melhores as falhas, as imperfeições, que os vazios...

— Matilde... Me desculpe! Não chore, olhe o céu! Pode ouvir o silêncio do céu? No último quarto de hora ele já foi laranja, rosa, cinza, amarelo, azul... sépia. Você pode ver? Entre as nuvens há uma estrela, não há? Sei que ela está lá. Aquela estrela mora dentro de você. Você surge entre as nuvens depois de um dia de chuva.

Sob as pegadas de Matilde o barulho das gotas ensaiava respostas incompletas até parar e dar lugar ao transparente silêncio das lágrimas. As gotas que se recusavam a parar com a chuva, correndo úmidas pelo resto da noite. O choro de Matilde tinha o cheiro de terra molhada pronta para fecundar.

Estamos em dezembro. A quinzena em que o céu despencou seus dilúvios urbanos foi no último mês. Carros e vacas aprenderam a nadar. É a primeira vez que a resposta da natureza à intervenção humana veio tão forte e próxima de nós. Estamos no século XXI. Temos questões socioambientais maiores que qualquer história de amor, mas mesmo assim insistirei em contar esta. Porque é a minha história. Porque naquela tarde em que Deus se manifestou em tantas cores, Ele me fez acreditar que a única estrela entre as nuvens pesadas é ainda a prova perfeita de que o amor é também uma criação Sua. Da varanda, o sol quente de verão se escondia atrás da serra. A cada minuto do seu descer eu pressentia a mutação das cores no céu, enquanto a chuva e o meu orgulho despetalava os cheiros de Matilde. Em terras distantes, tsunamis ou nevascas, o calor ou o frio, paradoxalmente, anunciam o nosso fim. Nós é que existimos ou o mundo que existe? Meu mundo acabou faz tempo. O meu mundo acabou quando Matilde morreu. Mas objetivamente, ainda respiro, toco nas coisas, percebo Deus. Eu já fui sentenciado.

Cena 8

Momento de rara lucidez. De volta à cena do crime.

Escrevi isso tudo a ele nas cartas enviadas. Vocês acreditam? Eu não sou louco! É que a gente tem que sacar a rolha das coisas para entornar os significados, para vir pra fora, enrubescer, desabrochar. A gente tem que se derramar em tudo. Uma epifania – como as pipas no céu do Buiu. Uma hemorragia nos sentidos. O amor. A morte. A Matilde gostava de riscos. Um dia pulamos juntos de paraquedas... mas sem pular de verdade.

(Risos.)

Vocês já viveram isso? Uma aventura vivida só por dentro? O Vento solto e forte na cara. O corpo todo trêmulo, sem apoio, apenas esperando a terra chegar. E uma enorme algazarra nas veias. Isso tudo sem sair dessa sala... Era assim que me sentia com ela. Dava para entender o céu em dois segundos...

(Sério e perturbado.)

E toda uma história entornada...

Eu não me arrependo! Eu teria feito mil vezes tudo de novo, ensaiado a mesma cena sem cessar, e mesmo assim teria sido pouco! Não me julguem! Foram sete anos! 32 cartas!

(Meio irônico.)

Aquilo poderia ter se tornado uma bela amizade... Mas eu não necessitava de suas respostas, não queria saber das suas histórias, nem dos seus motivos, eu apenas contava minha vida. Talvez fosse uma tentativa de punição... Ou uma forma de perdão... A verdade é que eu precisava contar essa história porque todos os dias ela me vinha, como vício na boca, gosto de Matilde... Então eu lhe escrevia tudo num só gole, num só respiro, sem pensar. Toda minha vida, desde minha infância, minha cegueira...

32   cada cor tem um cheiro

Sete anos de cartas e descobri que o indivíduo seria solto em condicional. Escrevi-lhe que no processo de crescimento espiritual pelo qual estava passando o principal tabu a ser superado era perdoá-lo. Mas teria que ser pessoalmente, gostaria de conhecê-lo e perdoá-lo. Para minha grande surpresa o cara topou. Pela primeira vez em sete anos respondeu uma carta minha. Pequena, mas mortalmente ferida com erros gramaticais gravíssimos – foi o que me contaram –, e ele disse-me que viria.

Eu o aguardei... E foi assim...

Ele veio até minha casa. Eu o convidei educadamente para entrar.

– Pode entrar! Seja bem-vindo! Por favor, não toque em nada!

Ele entrou trazendo um cheiro cinza.

– Quer se sentar?

(*Ajeita cordialmente uma almofada.*)

– Aceita um vinho? Este é muito bom... É... Só um momento.

(*Tira a venda para ler o rótulo.*)

Gato Negro. Cabernet. Safra 2005.

(*Recoloca a venda e serve duas taças, entregando uma ao assassino.*)

– Estava esperando por você. Pensei que fosse mais jovem.

– Sente-se. Você tem família?

– Bom ver as pessoas que a gente gosta, não é mesmo. Depois de tanto tempo.

– E a sua mãe, contou a ela... Vocês conversaram sobre o que aconteceu?

– E mesmo assim ela ficou do seu lado!

– Mãe é mãe, né? Disse a ela que viria aqui?

– Teve vergonha...

– Você não respondeu nenhuma carta, eu entendo, mas agora que estamos aqui será que pode me contar o que aconteceu?

josé valadares[ou joão valadares]

— Não precisa ficar sem jeito. Eu amava aquela mulher mais do que a mim mesmo, eu só quero saber os detalhes.

— Bem, disso todos sabem: estupro e homicídio. Você sufocou ela com o travesseiro, eu acompanhei o seu processo.

— O quê? Você não queria matá-la?

— E você achou que ela não gritaria?

— Tem uma coisa que eu não te contei pelas cartas.

(Os "dois" rolam no chão até que José Maurício consegue imobilizá-lo. Ele o amarra em uma cadeira.)

É claro que eu tinha organizado tudo, nos mínimos pormenores. As garrafas de vinho deviam ficar aqui, as almofadas neste canto, os sapatos...

Cena 9

Ator organiza as coisas como no início, porém agora, como está vendado, tudo é mais tenso, menos preciso, mais arriscado. Ele esbarra nas coisas, e as garrafas fazem um barulho estridente.

Calma! Não se preocupem Eu conheço esta sala como a palma da minha mão. Eu sei onde está tudo aqui!... Esse cheiro de vinagre... Eu preciso tampar isto! Não para de transbordar! Não vai parar de fazer barulho!

(Ator cai no chão.)

Para com esse barulho! Para!!

(Debate-se no chão. Pega uma almofada, e se sufoca com ela. Aqui, há um desdobramento do ator: ele é a "caça e a presa". Aquele que ataca, e aquele que tenta se defender.)

Para! Socorro! Sossega! Esse cara é louco! Maluco! Para!

34   cada cor tem um cheiro

Cena 10

Tira a venda. Enquanto se acalma.

Calma! Isso é só uma cena! Eu não sou cego! Eu não sou louco! Isso não é um homem. É uma almofada! Na verdade, foi assim...

Ele chegou. Passou pelo vão da porta e senti aquele cheiro cinza, ferroso. Eu ofereci o vinho. Gato Negro. Eu coloquei um copo cheio em cima da mesa, não entreguei em suas mãos. Ele ficou me olhando, e eu encarando fixamente em direção ao copo, como quem diz:

— Vem pegar! Vem! Vem pegar!

(Ator se desdobra nas duas personagens.)

Vem pegar! Vem! Ceguinho!

(Se sufoca novamente com a almofada.)

Aah! Me solta! Para! Cala a boca! Esse cara é maluco!

(Pausa. Claudinho, eu falei pausa. Desconstruindo a ação.)

É difícil fazer isso! É difícil matar uma pessoa!

(Continuando a ação.)

Aahh!! Me solta! Sossega! Ceguinho desgraçado, me mata! Me mata! Porque se você não me matar eu vou acabar com você quando sair daqui! Ceguinho! Aaaah! Cala a boca, filho da puta! Filho da puta! Por favor, eu não quero morrer!

(Pausa.)

Isso também é cena! Eu não poderia ter encarado fixamente o copo, nem visto o rosto dele. Eu sou cego

(Recolocando a venda... rapidamente.)

Eu não poderia saber o que ele pensou. Ninguém poderia!

(Repete, pela terceira vez, a movimentação com a almofada.)

joão valadares

Isso é uma reconstituição dos fatos. A polícia faz no computador, se pretende 100%, certa e segura, mas, na verdade, é mal feita. No teatro é melhor. Tem o contrato da metáfora, e o imprevisto do momento...
Essa cena podia ter sido diferente.

(Enquanto fala, ator derruba cuidadosamente uma garrafa, talvez a única que ainda reste de pé. Vê seu líquido entornar, como no início da peça o fez com outra garrafa.)

Podia ter sido mais planejada. Mais limpa, mais precisa. Podia ter sido mais consciente. Num golpe só. Talvez eu pudesse ter ficado mais calmo. Pudesse ter cantando uma música, ou escrito um poema... Por favor, não transborde! Mas, sim, eu ainda posso assinar um poema a caminho do mar. Colocá-lo numa garrafa e lançá-lo ao nada... Embora ninguém vá lê-lo. E, se o lesse, não adiantaria... Adianta se confesso minha história?... Estou molhado demais para entender...

Cena 11

Tira a venda. Tira a roupa. Aos poucos, começa a se molhar com o conteúdo de uma garrafa.

Aquela era uma manhã sem nuvens, uma daquelas manhãs em que o céu é tão azul que até as crateras da lua parecem vazadas de azul-celeste. Eu adorava soltar pipa com as crianças da rua. Naquele dia observava de longe os pontinhos multicoloridos que contrastavam entre si, mas se harmonizavam no imenso azul. De relance encarei o sol e, quando tornei a olhar para as pipas, já não conseguia distingui-las do céu.

(Coloca a venda. Agora é como se estivesse, no banho, brincado com Matilde. Ele molha Matilde. Ri muito. Fala o texto, enquanto brinca.)

Meus pais eram primos e a consanguinidade gerou em mim uma doença rara que só três pessoas no mundo têm: eu,

(Risos.)

e meus dois irmãos.

(Risos. Auge da brincadeira.)

A gente é chique, né?

(Aos poucos o riso cessa. Nostalgia. Ele abraça Matilde, sério.)

A Matilde morreu. Ela foi minha companheira por nove anos e eu gostava de perguntar a ela a cor dos objetos.

(Risos.)

A tampinha da coca-cola é... Vermelha!; a placa de pare é... vermelha. Um dia tava andando na rua distraído com os passos de uma senhora que devia ser bem gorda. Já perceberam como são engraçados os passos de uma velha gorda com salto número cinco? Enfim,

(Mão na orelha.)

estava entretido com o desengonço da dona e...Bum!

(Olha para o chão.)

Fiquei tão transtornado que... Tum!

(Dá um tapa na testa.)

Sentei o coco na placa de pare.

(Risos.)

A placa de pare é vermelha.

(Gargalhadas.)

Acho que o vermelho quer dizer: PARE!!!

(Gargalhadas-choro histérico.)

O sangue da Matilde era vermelho. As luzes da ambulância também, mas isso não foi ela quem me contou...

(Vai apagando as luzes.)

Gosto de brincar com a luz e imaginar as cores que ela tenta me mostrar. Quando me casei com a Matilde disse a ela que não queria ter filhos. Porque o vermelho do meu sangue faria de sua visão um pretume hereditário. A Matilde discordava, dizia que um filho é uma luz que inunda nosso caminho.

(*Canta.*)

"Você é meu caminho, meu vinho, meu vício, desde o início estava você…"

Cena 12

Escuro quase completo.

Aquela era uma noite sem estrelas. Uma daquelas noites em que o céu fica vermelho por causa do frio que estranhamente não senti. Aquela não era uma noite para os sentidos do corpo. Um cheiro forte, rubro, de vinho, de sangue, de rosas impregnava o ambiente do quarto, mas não se percebia das narinas. O cheiro vem de dentro e se exala da alma. Não adianta tampar o nariz. Não adianta fechar os olhos ou apagar a luz. Não adianta colocar a faixa três do LP surrado. Nem sorver até a última gota do fundo: mesmo a nostalgia do passado não será capaz de preencher o vazio. Tudo faz falta e em cada canto do quarto o tormento da perda me vigia.

Vocês já podem ir embora, já podem me julgar, dizer o que quiser, o crime já foi feito! Aqui só está a cena… É só uma cena! As garrafas, o vinho, o corpo são reais. Mas é só uma cena! Eu já vou apagar a luz, e não verei mais vocês. Não verei mais nada. Podem ir embora, por favor.

(*Apaga a última luz, enquanto murmura a canção.*)

"Meu bálsamo benigno, meu signo, meu guru, porto seguro onde eu voltei. Meu mar e minha mãe, meu medo e meu champanhe. Visão do espaço sideral. Onde o que eu sou se afoga, meu fumo, minha ioga. Você é minha droga, paixão e carnaval. Meu zen, meu bem, meu mal. Meu zen, meu bem, meu mal"...

FIM.

João Valadares é mestre em teatro pela UFMG, formado no Curso Técnico de Ator do Palácio das Artes, e um dos fundadores da Preqaria Cia de Teatro, onde dirige, escreve e atua diversos espetáculos. É professor de interpretação do CAMA – Centro de Atividades Musicais e Artísticas (Escola de Musical), do Arena da Cultura (Escola da Prefeitura de BH), e da Companhia Teatral Crepúsculo. Desde março de 2009 é coordenador e professor da Escola Livre de Teatro de Sete Lagoas, onde desenvolve sua pesquisa sobre procedimentos contemporâneos de criação através da montagem itinerante de *Sonho de Uma Noite de Verão*. Em 2013 apresentou o programa *Ligado na Ciência* na TV Rede Minas, com reprise em 2014.

CômodoS

João Filho

Curta-metragem
de aproximadamente 14 minutos

Personagens:
Raul
Diretor de comercias publicitários
Professora de ginástica
Porteiro
Internas:
Apartamento de Raul
Corredores e portaria do prédio de Raul
Estúdio
Academia
Externas:
Ruas e calçadas
Terraço de algum prédio

Sinopse:

RAUL é um velho e também ator de teatro. *A paisagem da história de* RAUL *é uma grande metrópole, da multidão de prédios, ruas largas e do tempo apressado. O velho ator caminha a passos lentos e curtos no meio do movimento frio e vasto de pessoas que correm atrás do tempo.*

Em cada canto, dentro de um apartamento, em um edifício central da cidade grande, vive RAUL.

RAUL *senta-se à mesa, olha em direção à outra cadeira, dá um breve suspiro... e sorri.*

Nesse instante, os olhos castanhos de RAUL — *como se fosse num filme — brilham.*

Hoje ele caminha e, no caminho, observa.

Um pouco de música acompanha o trajeto que RAUL *faz do seu apartamento até a aula de ginástica.*

Pelo espelho, se desse pra ver, veríamos agora um grupo de idosos praticando ginástica. Alguma música acompanha essa imagem. Eles riem, todos alegres, inclusive RAUL. *A professora olha distante pra tudo aquilo, ela também ri. As aulas acontecem duas vezes por semana, cinquenta minutos por dia, para homens e mulheres com mais de 65 anos.*

A lista abaixo está na porta da geladeira:

Lista de atividades para ocupar os dias:

Colocar o lixo pra fora; fazer café; levar um pouco de café para o porteiro; ler um jornal; ouvir o rádio; ouvir música; aula

42   cômodos

de ginástica; testes para comercias; tentar decorar alguma coisa; conversa às escondidas com Alice.

Ele tenta ocupar o tempo, correr com a vida.

....

Fade in

Seq. 1:
fim de tarde/interna/apartamento de Raul –
mesa de jantar

RAUL *arruma a mesa para o jantar. Coloca toalha, velas, pratos, talheres etc. Clima romântico. A impressão é de que* RAUL *prepara o jantar para ele e mais uma pessoa, no caso, Alice, sua mulher.*

Ao fundo, o vídeo de uma peça em que RAUL *atuava.*

RAUL: Acho que está do jeito que você gosta. O arroz queimado no fundo pra dar a "rapinha", os legumes bem cozidos e macios e a carne com molho de salsa. (*Pausa.*) Hoje faz um ano que a gente não se vê... Do jeito que sempre foi. Aí pensei em algo que a gente sempre gostou de fazer juntos. Um jantar com incenso de camomila e o fim da tarde.

RAUL *senta-se à mesa. Ele olha em direção à outra cadeira. A câmera revela que não há ninguém com* RAUL. *A televisão ao fundo, na mesma tomada, vai ganhando cada vez mais nitidez. A câmera fica algum tempo na televisão.*

Outro quadro: A câmera, nesse momento, revela a fisionomia de RAUL *perto da mesa, olhando para a televisão.*

              o jantar é a lembrança de um ano de morte de alice.

A imagem é RAUL *estático e triste olhando para a* TV *e sua voz em off do vídeo da peça.*
A câmera ganha a direção da janela e se perde na escuridão da noite.
Entra a Música – Créditos iniciais.

Seq. 2:
tarde/interna/apartamento de Raul – cozinha.

RAUL *faz "exercícios de memorização de textos" enquanto lava a louça. Ele tem dificul-dades para decorar palavras. Vários planos dessa situação. Em algum momento ouve-se o* barulho do leite derramando no fogão. RAUL corre e desliga-o. Ele fica furioso e começa a falar palavrões.

Corte para detalhes das coisas no apartamento — (enquanto se ouve o xingo de RAUL, a câmera percorre o apartamento de RAUL, cartazes de peças na parede, a janela, a mesinha de canto com fotos de RAUL e Alice. Cessa a voz de RAUL. A câmera continua a percorrer os cômodos do apto até chegar no quarto de RAUL; ele já está deitado. A cena cessa com o apagar da luz do abajur.)

Seq. 3: dia/interna/apartamento de Raul — quarto, banheiro e cozinha.

RAUL acorda, coloca as meias, veste a calça. Se arruma para sair. Vai ao banheiro, olha os dentes e faz algumas expressões faciais diante do espelho. Hoje ele tem um teste para um comercial de cotonetes.

RAUL: A dor que a gente sente em deixar de ser é muito esquisita. Agora eu me aborreço por isso, antes não; eu tinha você pra me enganar e dizer que eu ainda era o homem mais forte do mundo. Sua mentirosa! O Quintana tem aquela frase genial: "O pior dos nossos retratos é que eles vão ficando cada vez mais jovens!" Eu acho essa frase ducaralho. (RAUL olha para o retrato.) Esse rosto é feio, o do retrato não tem nenhuma ruguinha... A velhice é linda, mas é triste.

RAUL sai de casa.

Seq. 4: tarde/interna/corredor do estúdio.

Uma fila gigante, RAUL é o de jaqueta branca, está numa fila, entre vários velhinhos. Na porta do estúdio, ele aguarda ser chamado.

RAUL (falando baixinho): Cotonetes Flex — muito mais carinho e conforto. Cotonetes Flex — muito mais carinho e conforto. Cotonetes Flex — muito mais carinho e conforto. Cotonetes Flex — muito mais carinho e conforto. Cotonetes Flex — muito mais carinho e conforto. Cotonetes Flex — muito mais carinho e conforto. Cotonetes Flex — muito mais carinho e conforto.

44   cômodos

Seq. 5:
tarde/interna/estúdio.

Um fundo verde.

DIRETOR: Boa tarde, Raul.
RAUL: Boa tarde.
DIRETOR: Tudo bem?
RAUL: Tudo bem.
DIRETOR: É bem simples, Raul. Apenas olhar para o cotonete. Depois, olhar para a câmera, olhar para o cotonete mais uma vez e dizer: (*olhando para a câmera*) "Cotonetes-flex – muito mais carinho e conforto!" É só isso. Dúvidas?
RAUL: ...
DIRETOR: Então vamos lá. Você consegue, Raul! (*Para todos do estúdio.*) Pode ser? Gravando!

(*Longo silêncio.*)

DIRETOR: Não tem problema, Raul. Pode ficar tranquilo. Ninguém aqui tá com pressa. Vai no seu tempo, sem pressão, ok?
RAUL: Ok?!...

(Close up em RAUL *no fundo verde. Não consegue lembrar do texto.*)

Seq. 6:
noite/externa – alguma esquina da cidade.

RAUL *volta pra casa, cabisbaixo, o plano percorre o velho ator caminhando pela cidade.*

Seq. 7:
noite/interna – apartamento de Raul.

RAUL *pelo espaço. Vários quadros. Os cômodos, aos poucos, são revelados.*

Seq. 8:
dia/interna – apartamento de Raul.

RAUL *se prepara para sair.*

joão filho

Seq. 9:
dia/interna/externa – academia de dança

Um grupo de idosos faz exercícios de ginástica. RAUL *está no fundo da sala. Eles se divertem.Todos caminham pela sala.*

PROFESSORA: Perceber os espaços vazios!

Seq. 10:
dia/noite/externa – "a cidade"

Imagens de idosos pela cidade. O movimento de corpos idosos.

Seq. 11:
tarde/interna/estúdio.

RAUL *e um fundo verde. Close up em* RAUL. *Ele transpira muito. O teste é para a marca de dentaduras "Boca-Boa".* RAUL *não consegue lembrar do texto do comercial: "Boca-boa na boa, morô?" Close em* RAUL. *Silêncio. Em um delírio qualquer,* RAUL, *ao invés de dizer o texto "Boca-boa na boa, morô?", diz outras coisas.*

RAUL: Ele, eu. Não consegue mais fixar a palavra dentro do cora-
          ção. O velho que caminha sem corrimão. Preferiria usar
          bengalas, ficar manco, ter cataratas, ser um velho pior das
          pernas do que não ter a memória da palavra quando pre-
          ciso. A lembrança do texto não ocorre. Eu sou um manco
          de frases, até curtas. O improviso não me atrai. Não há
          mais tempo…

Seq. 12:
tarde/interna/academia de dança.

Um grupo de idosos faz exercícios de ginástica.Várias duplas pela sala. Eles estão um de frente para o outro. É o momento da massagem. Pele, rugas, mãos ganham a tela. Uma música de piano acompanha a imagem.

PROFESSORA: Habitar esses lugares. Acordar esses cômodos!

Seq. 13:
noite/interna/portaria do prédio, elevador, apartamento de Raul.

RAUL *num canto de algum cômodo do apartamento. Coloca uma música. Ele chora sentado, recolhido. Ele conversa com Alice, às escondidas. É como se escondesse esse segredo, até da câmera.*

Seq. 14:
dia/externa/cidade

Vários takes de RAUL *andando pelas calçadas e atravessando as ruas.*

Seq. 15:
tarde/interna/estúdio

Fundo verde. Close em RAUL. *Ele está vestido de Motoqueiro, usa roupas pretas de couro. O comercial é para uma empresa de motos.* RAUL *olha fixo para a câmera. O diretor e todas as outras pessoas do estúdio estão compenetrados em* RAUL. *A frase do dia é: "Vá com fé, vá com motos* À DERIVA." *Ainda em Close up,* RAUL *começa a rir. Começa a rir muito. Ele diz a fala seguinte para a câmera.*

RAUL: Habitar esses lugares. Acordar esses cômodos! – Habitar esses lugares. Acordar esses cômodos! – Habitar esses lugares. Acordar esses cômodos! – Habitar esses lugares. Acordar esses cômodos! – Habitar esses lugares. Acordar esses cômodos! – Habitar esses lugares. Acordar esses cômodos!

Seq. 16:
dia/interna/apartamento de Raul – sala, cozinha e quarto

Câmera na mão percorrendo os espaços do apartamento. De perto, as coisas pequenas: os retratos, o fio do abajur, um pedaço de alguma coisa, o broche de Alice, o ímã da geladeira, os textos... As coisas grandes de longe para se tornarem pequenas: a janela, os vinis, a televisão, a cozinha, a mesa, a porta...

joão filho

Seq. 17:
noite/interna/academia

Pelo vidro da sala. Um exercício sobre o espaço. Os alunos dançam ocupando toda a sala (as paredes, a porta, as barras, o espelho, o chão, o outro).

Seq. 18:
noite/interna/apartamento de Raul

A câmera chega ao quarto de RAUL*. Ele está deitado na cama com os olhos abertos, olhando para o teto.* RAUL *está sorrindo. Na cama, fica algum tempo. Em seguida, se levanta, dança e cantarola alguma canção.*

Seq. 19:
noite/interna/apartamento de Raul – sala

RAUL *procura, em um baú, cartazes, filipetas de peças em que já trabalhou. O velho ator resolve ocupar os seus cômodos de gente. Surge a ideia de fazer um espetáculo dentro do apartamento.*

Seq. 20:
tarde/interna/apartamento de Raul – sala e quarto

Entusiasmado, o velho ator se diverte ensaiando o novo trabalho. Vários takes de RAUL *rabiscando o texto, mudando os móveis de lugar, rindo, se divertindo.*

Seq. 21:
fim de tarde/interna/apartamento de Raul – sala

RAUL *faz os últimos ensaios para a estreia da peça. Ele conversa com o* PORTEIRO *do prédio para combinar a entrada do público.*

Seq. 22:
noite/interna/apartamento de Raul –
estreia da peça de Raul

RAUL *atende às chamadas do interfone. O público chega.*

48   cômodos

Créditos finais.

....

Fade out.

FIM.

Sou **João Filho**, ex-jogador de futebol, ator e dramaturgo. Em 2010, me apaixonei pela obra do poeta Manoel de Barros, e desde então achei bonito essa coisa de falar do verbo. Gosto de boca e ritmo. Tenho pouca habilidade para desfechos. Prefiro ir. Confuso quando impulso. Sincero quando rio. Aprendi a importância de grupo no esporte. Gosto do teatro pelo exercício feroz da escuta. Beleza é quando a vida faz alguma coisa se jantar.

E Se
Fosse
o Byron?

Sara Pinheiro

Personagens:
Atriz
Ator
Byron

Nota:
Para muitos, Byron é apenas uma referência.
Ao Ímpeto.
À tempestade
A uma outra paisagem
que atravessa aquela época e chega até aqui.
Para outros, Byron é nada mais que um nome. Próprio ou não.
Talvez como Caio, como Sara. Somente som e imagem.
Para mim,
Byron é alguém com quem posso me encontrar casualmente
no centro desta cidade, no
meu viaduto predileto, ou, quem sabe, em algum bar. Pode estar
por perto.
É um conterrâneo. Um contemporâneo.
Esbarro nele, nos lugares comuns e inusitados do teatro.

Ressalva:
O leitor poderá perceber alguns diminutivos ao longo do texto.
Esses "-inhos" na ponta da minha língua não pretendem dimi-
nuir a tensão das palavras postas. Ou a sisudez das situações.
Eles tendem, confesso, à galhofa. Aquela sempre muito bem-vinda,
que zomba de nossa seriedade, sem deixar de acarinhá-la. Que
nos desloca da dor, sem deixar de nos mostrá-la.

52   e se fosse o byron?

(Um ATOR e uma ATRIZ. Entram pela porta do teatro, da sala, ou de onde quer que se passe esta peça. Fecham a porta e começam.)

ATOR: E se fosse... E se fosse. Eu. Você. Belo Horizonte. Junho de 2012.

ATRIZ: Inglaterra. Agosto de 1822. Que diferença faz?

ATOR: Toda diferença. Isso determinaria muita coisa. As pessoas. Nós! (*Pausa.*) Nós! E se estivéssemos só nós dois. Aqui. Juntos. Agora. (*Silêncio. Olha a plateia.*) E se fosse de verdade? (*Busca aprovação.*) Não?

ATRIZ: Não! Péssima ideia. O que de verdade poderíamos dizer de interessante o suficiente?

ATOR: Verdade.

(*Pensam.*)

ATOR: E se fosse de amor?

ATRIZ: Como sempre.

ATOR: Daquela mulher. Do nosso, quem sabe...

ATRIZ: De novo isso? A gente não se cansa?

(*Pensam.*)

ATOR: E se fosse algo político?

ATRIZ: Definitivamente não!

ATOR: Eu disse político! Não panfletário. Sem ser...

ATRIZ: Não seja bobo.

ATOR: ...sem ser óbvio! Assim fica difícil! Você sempre interrompe o meu fluxo.

ATRIZ: Você acha que eu sou autoritária?

(*Início de briguinha.*)

ATOR: Essa sua autocrítica não te deixa livre.

ATRIZ: Agora o assunto é autocrítico? Você acha isso interessante?

ATOR: Não me interessa. Você devia se preocupar menos. Ser feliz!

ATRIZ (*tom de gozação*): Agora é autoajuda?

ATOR: Chutar o pau da barraca. Pegar leve! Fluir! Gozar!

ATRIZ: Espera aí! Você acha que eu não sei gozar?

sara pinheiro

ATOR: E se isso fosse algo simples?
ATRIZ: Você acha isso simples? Para falar a verdade. Se fosse antigamente...
ATOR: Se fosse antigamente... no século XIX?

(*Fluxo de ideias. Devaneio deles de inspiração. E se eles se divertissem muito com isso...*)

ATRIZ: E se fosse num cabaré.
ATOR: E se fosse contemporâneo.
ATRIZ: Não! Eu, uma cafetina...
ATOR: Não! Eu, um preso político.
ATRIZ: Um vinho. Uma vela. Uma carta.
ATOR: Uma praça. Uma praia. Uma passeata.
ATRIZ: Uma taça feita de crânio humano. Sangue. Vermelho. Violência.
ATOR: Várias vozes. Gritos. Eu dizendo alto: *Não, não te assustes: não fugiu o meu espírito.*
ATRIZ: E se fosse qualquer coisa de... (Quebra.) E se fosse qualquer coisa!
ATOR: Qualquer coisa?
ATRIZ: Qualquer coisa que a gente disser vai recair sobre a gente mesmo.
ATOR: Oi?
ATRIZ: Como se não importasse exatamente o que dissermos, porque quem diz, independente do que se diz, é sempre a gente mesmo.
ATOR: Isso são só palavras!

(*Disputinha conjugal.*)

ATRIZ: Ato-falhar a si próprio...
ATOR: Isso é só discurso!
ATRIZ: Se eu digo qualquer coisa, não importa exatamente o que eu digo porque se sou eu quem diz, logo qualquer coisa será sobre mim.
ATOR: Isso é só jogo de palavras!
ATRIZ: E não é disso que isso tudo aqui é feito?
ATOR: Você acha que é somente um jogo?
ATRIZ: E você acha pouco?

54   e se fosse o byron?

ATOR (*draminha conjugal*): Você acha que isso tudo aqui é só um jogo? Não passa de um joguinho pra você, não é?

ATRIZ (*indignadazinha. Sem respirar*): E você acha pouco fazer um bom jogo de palavras ou qualquer outro jogo que seja? Acha que os jogos deturpam a verdade absoluta? Que os jogos não podem ser por si sós a essência da coisa? Que a pele esconde o supremo do ser, não sendo a própria pele também alma porque ela por si só já transmite algo? Que existe um conteúdo à espera do momento mágico a ser revelado, como uma bala aberta no papel celofane que você chupa ruidosamente ao saboreá-la. Mas o papel celofane também tem o seu ruído. E se alguém colecionar o papel celofane, e detestar aquela bala nojenta, excessivamente doce? Você vai me dizer que não faz sentido algum? Só porque todos acham que a única razão do papel celofane existir é cobrir a bala. Não existindo, então, a bala, não há por que existir o papel?

ATOR: Eu te amo!

ATRIZ: Que deve existir um fundo para cada forma?

ATOR: Eu te amo!

ATRIZ: Como se fosse possível separar um do outro?

ATOR: E se entrasse um outro entre nós?

ATRIZ (*acordando*): Você quer nos separar?

ATOR: A gente precisa de um outro nisso tudo.

ATRIZ: O quê?

ATOR: A gente precisa de outra pessoa aqui!

ATRIZ: Por quê?

ATOR: Porque somente a gente não basta. Quer dizer. Começaria bem, mas depois seria demais...

ATRIZ: Você está dizendo que não conseguiria estar aqui. Só. Comigo?

ATOR: Eu estou aqui.
             Só.
             Com você.
             Até agora!

ATRIZ: E depois?

ATOR: Depois pode ser demais. (*Desaponto dela. Desconcerto dele.*) Não? Só nós dois.

sara pinheiro

Aqui. A gente começaria a….. Ter muita familiaridade. Talvez em excesso.

ATRIZ: Isso não seria bom?

ATOR: Talvez não. Talvez fosse um… Um equívoco! Seria… Um terceiro balançaria isso! Quando eu me esquecer de mim quando com você, teria um outro para me lembrar de mim mesmo quando com você!

ATRIZ: Isso é jogo de palavras!

ATOR: Lembrar que existe vida fora daqui. De você. De mim. Além.

ATRIZ: O que eu faço está aquém das suas expectativas? Não é suficiente? Você precisa de outra pessoa? Me diz!! É isso?

(Silêncio.)

ATOR: Imagina uma terceira pessoa. Um outro… Outro olhar arejando essa sala sufocada de …

ATRIZ: …tantas histórias, tantos ensaios!

ATOR: Quem sabe. Um outro? Como um filho, trazendo ares de domingos. Um olhar de fora. Que nos veja! Porque a gente mesmo não pode se ver juntos. Um diretor!

ATRIZ: Agora você quer que eu seja dirigida?

ATOR: Alguém que traga um novo ponto.

ATRIZ: Você acha que eu não sou propositiva? Que eu sou muito passiva?

ATOR: Um novo jeito. Um outro autor. Um texto.

ATRIZ: Outro texto? Alguém chega e interfere em algo já feito, assim?

ATOR: Que suspenderia tudo isso que a gente fez e faz. Que a gente se acostumou a fazer, e agora sai sem que fosse verdadeiramente nosso…

ATRIZ: Não seja leviano!

ATOR: A leveza necessária para continuar.

ATRIZ: Ao vento! Ao léu? Tantos meses… Assim.

ATOR: E se fosse alguém?

ATRIZ (*perturbadazinha*): Quem é?

ATOR: Qualquer um…

ATRIZ: Não pode ser qualquer um!

56   e se fosse o byron?

ATOR: Isso não importa! Qualquer um!

ATRIZ: Quem é? Me diz! É alguém que eu conheço? Me diz! Fala! Vai! Quem é?

ATOR: E se fosse o Byron, por exemplo?

ATRIZ (*quebra*): Byron? (*Pausa.*) O Byron! Óbvio que o Byron poderia entrar! Ele poderia estar aqui. Agora. E se fosse isso? E se eu dissesse um texto dele? Como seria? Como eu falaria? Com qual gesto? Qual jeito?

ATOR (*ciuminho*): Eu não sabia que você gostava tanto do Byron!

ATRIZ: Você não sugeriu?

ATOR: Mas você aceitou de primeira. Por acaso você acha que eu não posso ser melhor que ele?

ATRIZ: Foi você que sugeriu.

ATOR: Foi só um exemplo.

ATRIZ: Eu não fui crítica! Eu não fui contra! Eu segui o seu fluxo!

ATOR: Como sempre...

ATRIZ: Você acha que eu não sou propositiva? Sou muita passiva?

ATOR: Poderia ser qualquer pessoa!

ATRIZ: Então! E se fosse o Byron?

(*Pausa.*)

ATOR: Pensando bem.... Por que não algo só nosso? Só nós dois?

ATRIZ: Depois seria demais. Lembra?

ATOR: Esquece!

ATRIZ: A gente lembra ou se esquece de vez?

ATOR: Continua como está!

ATRIZ: Mudou de ideia?

ATOR: Mudei. A gente continua como está. Não sei... Fala! O que você acha?

ATRIZ: Seria melhor mudar de ideia e continuar como está, ou não mudar de ideia e não continuar como está? Eu deixo de lado? Eu me deixo levar? Eu levo? Eu estou confusa! Você não queria algo novo?

ATOR: Poderia ser algo nosso! Nem novo nem velho. Verdadeiramente nosso! Algo seu e meu. Algo meu. Algo de mim. Eu vou falar de mim! Está bem? Alguma coisa da alma! Do âmago!

sara pinheiro   57

ATRIZ (*ironicazinha*): Vai falar do *seu* amor? Vai ser romântico?
ATOR: Eu vou falar o meu texto! O meu!
ATRIZ: Então diz! Está esperando o quê? Não queria dizer?
ATOR: Não me enche! E se eu fosse embora agora, hein?! Nesse
            exato momento? Adeus.
ATRIZ: Isso você não faria!
ATOR: *Adeus! E para sempre embora,*
            Que seja para nunca mais:
            Sei teu rancor — mas contra ti
            Não me rebelarei jamais

            Não te iludas contudo: o amor
            Pode afundar-se devagar;
            Porém não pode corações
            Um golpe súbito apartar.
ATRIZ: Isso você não falaria nunca! Não teria coragem! De quem
            é esse texto? Aposto que é do...
ATOR: Não é possível que alguém goste disso! Esse texto ultra-
            passado!! Essa linguagem arcaica, careta. Empolada!
ATRIZ: Se acha ultrapassado, por que você ainda diz esse texto?
ATOR: Eu não digo!
ATRIZ: Você acabou de dizê-lo!
ATOR: Da mesma maneira que você está dizendo o seu.
ATRIZ: Mas este texto não tem nada a ver com o Byron. Sou eu
            que quero dizê-lo agora. Nesse momento. De verdade.
ATOR: Duvido!
ATRIZ: Por que você acha que eu não quero dizer o que eu estou
            dizendo?
ATOR: Não foi você quem criou este texto. Você escutou em
            algum lugar. Leu. Você só repete!
ATRIZ: Você acha sempre que eu não crio nada, não é? Que não
            proponho. Só porque não foi escrito por mim, você acha
            que não posso dizê-lo. Dizer também Adeus.
ATOR: Isso não é de agora!

(Disputinha de recital.)

ATRIZ: *Tudo acabou — é vão falar —,*

58 e se fosse o byron?

Mais vão ainda o que eu disser;
Mas forçam rumo os pensamentos
Que não podemos empecer.

ATOR: Não é você que diz isso!

ATRIZ: Eu é a pessoa que diz *eu* no discurso. Não importa se quem escreveu fui eu mesma, ou o Byron, ou outro qualquer, porque quem diz *eu* no momento sou eu. Logo, se eu digo *eu*, o discurso recai sobre mim. Ele, sou eu. Ele é meu!

ATOR: Ele não é você! E ele não é seu! Isso é só jogo de palavras! Isso está perdido por aí. Já feito. Pronto! Em outro lugar. Em outro tempo.

ATRIZ: Que mania de originalidade! Eu não posso ter o direito da apropriação?

ATOR: Você diz como se fosse seu, mas não é.

ATRIZ: Apropriação. E se isso fosse, quem sabe, um estilo?

ATOR: Seria muito passiva!

ATRIZ: Admitiu que me acha pouco propositiva?

ATOR: Eu nunca diria isso!

ATRIZ: Como nunca diria nada do que acabou de dizer agora!

ATOR: Você que não pensa em nada do que diz! Você é quem agora só se preocupa com a forma de dizer. No tom. No gesto. Não pensando propriamente no significado! É incapaz de pensar no conteúdo disso tudo! É incapaz de preparar a bala e saboreá-la, e só enrola! Enrola! Enrola o papel celofane!

ATRIZ: Oi?

ATOR (*quebra*): O papel celofane... Não lembra?

ATRIZ: Ah! A minha metáfora da bala de mau gosto...

(*E se eles rissem...*)

ATOR: Então.... Vai! Me diz. Eu quero saber! Me conta...

ATRIZ: Contar o quê?

ATOR: Conta de quando você conheceu o Byron.

ATRIZ: Para quê?

ATOR: Eu quero saber! Como foi? (*Torturazinha mental.*) Ele estava num bar? Foi assim, foi? Bebiam vinho? Tinham duas taças. Uma taberna. Talvez fumassem. Você usava um vestido

sara pinheiro

vermelho? Será que ele estava de xadrez como você gosta? Ou comia um…

ATRIZ: Eu chupava uma bala e ofereci para ele…

ATOR: *Você* não gosta de chupar bala. Nunca se importou! Você mudou, por acaso? Chega de mentiras! Chega dessa história! Chega de bala! De papéis também! Me diz! Me fala a verdade! Eu quero saber a verdade!

ATRIZ: Estávamos em uma passeata. Melhor assim?

ATOR: Não.

ATRIZ: Estávamos na praça da estação…

ATOR: Não!

ATRIZ: Na praia.

ATOR: Você se contradiz! Era na praça ou na praia? Você inventa! Vai dizer daqui a pouco que se confundiu! Que foi na Inglaterra!

ATRIZ: Foi em Belo Horizonte.

ATOR: Lá nem mar tem, você se esqueceu?

ATRIZ: A praça tinha se transformado numa praia. Não se lembra? Era uma onda de gente numa manifestação! Queriam afogar…. Qual o nome dele? Do Márcio Lacerda…

ATOR: Pra que isso?

ATRIZ: Pra quê?

ATOR: Pra que colocar este texto datado? Para impressionar quem? O Byron? Para ter assunto depois numa mesa de bar? Tudo ia tão bem…

ATRIZ: Mas é verdade. O Márcio Lacerda tinha acabado de…

ATOR: Que merda é essa?!

ATRIZ (*cantando*): Começa com M… acaba com *erda*!

ATOR: Para com isso!

ATRIZ: Só estava cantando a marchinha do carnaval. Só contando como eu conheci o Byron.

ATOR: Daqui a cinquenta anos ninguém vai entender nada disso. Todos já vão ter esquecido. Ninguém vai se identificar. Do que vai valer, hein? Esse seu discursinho panfletário… Tudo retórica! Você nem conheceu o Byron no carnaval!

ATRIZ: Quem conheceu o Byron no carnaval, então?

60   e se fosse o byron?

ATOR: Essas palavras não são suas! Você fala uma voz que não é
          sua. Além da qual...
ATRIZ: Uma voz do além? (*Medinho de filme de suspense.*)
ATOR (*como se estivesse possuído. Brincadeirinha de caça*): Uma voz do além.
          Que te invade,
          entra, sem pedir licença.
          Um texto. Um tabu. Um tapa na cara.
          Mesmo que de mentirinha. Um tempo que sai da boca,
          sem medir. *Dessas nossas entrevistas nas quais capturo*
          De tudo que eu possa ser, ou tenha sido tempos atrás.
          Para me misturar ao Universo, e sentir puro
          O que nunca posso expressar, ainda que não possa esconder.

(*Pega-a como um leão a sua presa. Susto. Se divertem.*)

ATRIZ: Isso é do Byron?
ATOR: Já nem sei.

(*Quebra.*)

ATRIZ: Me conta de quando você conheceu o Byron.
ATOR: Mas era você que conheceu o Byron no carnaval.
ATRIZ: Tanto faz se sou eu ou você quem vai contar.
ATOR: Vai dizer agora que não importa quem é quem nesta
          história?
ATRIZ: Ainda não nos nomeamos. Nós podemos fingir.
ATOR: Mas eu sei quem sou eu e quem é você. Quer dizer...
          Achava que sabia até então! Mas agora você...
ATRIZ: Tudo bem! Eu sou eu. Você é você! Não vamos misturar
          as coisas...
ATOR: Me conta, então, do... Você sabe! Me conta do...
ATRIZ: Eu não quero falar mais disso!
ATOR: Diz... Vai! Conta!
ATRIZ: Seria um rumor muito grande... Esta cidade é muito
          pequena, nosso círculo de amizade então...
ATOR: Não se preocupe! Poderia ser em qualquer lugar. Poderia
          ser com qualquer um.
ATRIZ: Não vou determinar nem datar nada.
ATOR: Você não precisa falar só para esta cidade!

sara pinheiro

(*Protestozinho. Como em uma manifestação.*)

ATRIZ: Eu não falo só para esta cidade! Só para estas pessoas que estão aqui.

ATOR: Eu não falo só para uma classe!

ATRIZ: Eu não falo só para vocês!

ATOR: Eu falo do humano.

ATRIZ: Do universal. Do pungente.

ATOR: Também do que pode estar aqui. Aqui dentro! Agora! Agora! (*Quebra.*) Agora fala!

ATRIZ: Não! É muita exposição. Aqui... Assim.... Eu não quero mais envolver ninguém! Citar ninguém nesta história toda! Chega de citação!

ATOR: Você não precisa citar mais ninguém! Já que você não quer dizer o nome, renomeia-o. Inventa. Finge! Você sabe fazer isso muito bem, não? Poderia ser..... Qualquer nome. Poderia ser qualquer um. Poderia ser... (*Mentirinha.*) Byron... Me fala sobre o Byron! O seu Byron...

ATRIZ: O Byron! Eu fui salva por ele, num dia de domingo ou num dia como este.

ATOR (*ironicozinho*): Ele te salvou, foi? Só me faltava essa! O Byron agora é um santo!

ATRIZ: Ele me salvou! Sim! Você não queria saber? Quando ele me tocava, eu sentia a mão de Deus esmurrando o mundo. Eu era capaz das maiores atrocidades. Era capaz de estraçalhar sua carne em minha alma.

Deixar a raiva, rastros, visgo e sangue.

223 mortos. 546 feridos. 23 golpes. Generais. Gestões. Gastos. Acreditamos em tudo.

Caímos na cama. No coração. No cu. No lucro. No útero. Caímos na vida.

Não me lembrava do passado, das promessas, nem dos pudores.

A moral me abandonou menina no colo dele, e me despiu. Senti frio. Fraquejei. Fiquei tísica.

Cá estamos ainda.

ATOR: Você gosta do Byron?

62   e se fosse o byron?

ATRIZ: A paixão por ele era…

ATOR: Você está apaixonada por ele?

ATRIZ: …era paixão por mim mesma! Por tudo aquilo que poderíamos idealizar, por tudo aquilo que poderíamos ser juntos e não éramos.

ATOR: Chega de citações! Eu não aguento mais! Me diz por você mesma!

ATRIZ: Você sabe sobre o que eu estou dizendo? Talvez eu esteja me confundindo. Talvez nós − aqui, neste momento − estejamos nos confundindo, achando que, só porque nomeamos, conseguimos entender o que passou.

ATOR: Você o amou?

ATRIZ: Claro que não.

(Quebra.)

ATOR: Então por que disse aquilo tudo? Por que disse aquele texto?

ATRIZ: Para mim, é importante!

ATOR: O Byron?

ATRIZ: Não! O texto! O fato de ter encontrado com ele. Não a pessoa dele em si.

ATOR: Que cruel!

ATRIZ: Eu sei ser cruel.

ATOR: Eu sei disso. Você é cruel! Vil! Com essa sua ênfase no jogo, você pode acabar deturpando o conteúdo de tudo. Pensando só na embalagem das coisas. No passageiro.

ATRIZ: Não seja piegas!

ATOR: Você só liga para a aparência e não para o profundo do outro.

ATRIZ: Você quer entrar nisso? Tem certeza?

ATOR: Eu te desprezo.

ATRIZ: Quer começar?

ATOR: Já começamos!

ATRIZ: Então vamos lá!

(Ceninha de mocinho e vilã.)

sara pinheiro

ATOR: Você é cruel! Você acha certo o que você fez? Me atraiçoar assim?

ATRIZ: Eu nunca disse que não o faria.

ATOR: Me apunhalar nas costas.

ATRIZ: Eu nunca pensei.

ATOR: Atuou sem pensar? Se importou apenas com a sensação. Acha que é só. Aquele momento que extrapola o marcado. Do acaso chegado. Do frio na barriga. Do encontro. Do êxtase.

ATRIZ: Eu não poderia prever.

ATOR: Achou que era apenas isso, sem se importar com o resto? Sem cuidar. Sem se importar com os significados que se abririam a partir daí.

ATRIZ: Eu nunca disse que me importaria.

ATOR: Isso não se faz!

ATRIZ: Eu entendo você ter raiva de mim.

ATOR: Raiva? (*Clássico da magoinha.*) Eu não tenho raiva. Tenho nojo!

ATRIZ: Você tem mágoa.

ATOR: Vou ter pena de quando você se arrepender.

ATRIZ (*vilã*): O que dizem para eu fazer agora? O que me sopram? Me redimir? Me dirijam! "Eu sinto muito, pobre de ti!" Você devia era me agradecer! Mesmo na sacanagem ter te tirado da lama onde você não via que estava. Você diz nojo? Só te apunhalando você sentiu suas costas quentes. E como eu gozei! E eu gozaria quantas vezes mais fosse preciso, porque o meu prazer foi maior que a sua dor. E enquanto o prazer for maior que a dor, é lá onde eu quero estar. Só assim eu poderia viver tudo aquilo que me matava por dentro.

ATOR: Não me chame! Não me chame nunca mais. Imoral!

ATRIZ: Quando eu aprendi a gozar, não havia nome nem mal na boca. Quem sabe este jogo todo não te transtorne, te dilacere, te corte, te rasgue, te percorra. E que você corra um mundo, por essa sala. E saia. Só.

ATOR (*quebra*): E se fosse isso?

ATRIZ (*ainda no seu fluxo*): Eu não sou boazinha! Não fiz isso pra te livrar da sua vida tediosa. Chata. Enfadonha. Doninha. Casinha e

64 e se fosse o byron?

final feliz. Fiz isso para ser puta. Para sobreviver naquela esquina, sem saber pensar no depois disso tudo. Mas, não! Não pense que para sua dor a causa é minha. Você sabe que não. A sua dor é bem anterior ao meu prazer.

ATOR: E se fosse assim.

ATRIZ: Um dia eu sonhei que um sapo comia um mosquito. Logo depois, eu via um leão comendo um veado.

ATOR: O quê? Isso é mais um dos seus papéis celofane?

ATRIZ: O sapo engole a presa de uma só vez. Pacificamente. Sem alarde. Raiva. Rastro. Ruído. Está lânguido. O leão espia a vítima. Corre. Pega o que resta. O filhotinho lerdo. E o destroça nos dentes. Nas unhas. Um espetáculo sangrento. Lento. Sujo de sangue, visgo, vísceras. Expõe a vítima aos urubus. Pensei: Seriam ambos um mesmo espetáculo? Seria? O mesmo princípio.

ATOR: O impacto, não.

ATRIZ: O mesmo tema!

ATOR: O impacto não é o mesmo.

ATRIZ: Mas o princípio é o mesmo.

ATOR: As situações são diferentes. O contexto é diferente!

ATRIZ (*triunfante*): Então você acha que a cor do papel celofane altera o sabor da bala, ou a forma como você vai chupá-la?

ATOR: Nós estamos falando de quê? O que você vai dizer agora? Destroçar ou não os animais? Ser vegetariano ou não?

ATRIZ: Não!

ATOR: Vai falar então de ditadura?

ATRIZ: Não vou falar de nada.

ATOR: Dos pontos de vistas? Das causas? Dos significados? Dos efeitos? Encarar os papéis? Ou as balas? Abrir ou não os arquivos?

ATRIZ: Talvez o Byron gostasse desta discussão.

ATOR: Você gosta do Byron! Eu sempre digo! Sempre soube!

ATRIZ: Ele talvez dissesse...

ATOR: Eu não aceito!

ATRIZ: Cada vez com mais ardor.

ATOR: Eu não aceito isso!

ATRIZ: Com mais paixão!

sara pinheiro

ATOR (*com mais paixão*): Isso não está certo! Não tem caminho! Não tem processo! É cada um por si! Não tem unidade!

ATRIZ: E se ele dissesse num palanque, numa mesa de bar, na igreja... Cada vez mais forte.

(*Mais forte.*)

ATOR: A gente não sabe quem governa isto tudo! Está tudo perdido! A gente não sabe quem nos dirige. É uma pouca vergonha! Está tudo ao léu! Jogado ao vento. Leviano. Tudo de pernas pro ar. De pernas abertas! Puta! Sua Puta! E se você me traísse? Com o Byron? Puta! Puta!

ATRIZ: Eu também te amo.

ATOR (*dorzinha*): E se o Byron entrasse?

ATRIZ (*confortando-o*): Seria para arejar. Abrir aquela porta. E levar alguma coisa que a gente não dá mais conta.

(*Silêncio.*)

ATOR: Mas depois... E se ele fosse embora depois? Ele podia nos deixar? E se acabasse nós dois. Eu e você.
Só.
Aqui.
Juntos.

ATRIZ: Eu e você. Belo Horizonte. Junho de 2012.

ATOR: Eu e você. Inglaterra. Agosto de 1822. Tanto faz.

ATRIZ: Será?

(*Silêncio.*)

ATOR: Você não sabe o que vai acontecer depois, não é? Nós não sabemos. E se a gente prometesse um ao outro?

ATRIZ: E se a gente se esquecesse depois? Ou não fizesse mais tanta importância assim?

ATOR: E se eu não quisesse ficar mais aqui? E se eu não quiser você mais aqui?

ATRIZ: E se a gente matasse o Byron?

ATOR (*misto de raivinha e brincadeirinha*): Destroçasse no dente sua carne, e todas as suas palavras idiotas!

ATRIZ: Deixasse um rastro de sangue para toda a eternidade.

66   e se fosse o byron?

ATOR: E todos nos apontariam, dizendo: "São eles os malfeitores!!!"

(Riso cúmplice, ainda no fim.)

ATRIZ: Eu gosto das palavras do Byron!

ATOR: Sou eu quem vai dizê-las, não ele!

ATRIZ: Eu não quero que a gente se aniquile por nada. Por palavras...

ATOR: Você acha agora este jogo pouco. (Silêncio.) Então.

ATRIZ: Vamos.

(Início da brincadeirinha finda dos dois.)

ATOR: O Byron entra?

ATRIZ: O Byron entra. Depois disso tudo, ele precisa entrar!

ATOR: Entra, então, por aquela porta.

ATRIZ: Ele abre a porta.

ATOR: Ele abre a porta! Nos mostra, assim simples, lá fora.

(O BYRON, então, entra. Abre a porta.)

ATOR: Será que esse é mesmo o Byron?

ATRIZ: Agora não tem mais volta!

ATOR: E se ele dissesse alguma coisa?

ATRIZ: Claro! Ele nos diz alguma coisa.

ATOR: Alguma coisa! Bonita! Estonteante!

ATRIZ: Pungente! Romântica!

ATOR: Cheia de vida. Uma surpresa. Um discurso que mude o meu dia! Um discurso que mude o curso do mundo!

ATRIZ: Uma Catástrofe!

ATOR: Que finalize uma era, uma raça, um lugar. Que acabe com tudo isso aqui. Apague as luzes. Sem saída.

ATRIZ: Uma coisa inteira. Um terremoto interno. Uma peste. Um furacão. Que funda fundo forma. Faísca. Cinza. Que depois só permita o nosso silêncio.

(Eles esperam de BYRON qualquer reação, qualquer palavra.)

ATOR: E se fosse qualquer coisa?

ATRIZ: Qualquer coisa! Qualquer coisa sua! Ou não! Uma coisa que você ache que seja sua. Que se tornará sua no momento em que você dissé-la!

sara pinheiro

(*Esperam.*)

ATOR: E se ele não disser nada?
ATRIZ: A gente se apropria do silêncio também.

(*Esperam mais um pouco algo de Byron.*

Ele diz alguma coisa.
Qualquer coisa.
Ou não diz nada.
Aqui, abre-se o espaço para o seu improviso.
Impróprio. Inoportuno. Impulso.
Nada mais.
E se o ator e a atriz abrissem a porta, e saíssem? Talvez acabasse a peça. Aqui. Neste ponto.)

FIM.

Sara Pinheiro é atriz e dramaturga. Graduada em Letras pela UFMG e em Teatro pelo Centro de Formação Artística da Fundação Clóvis Salgado e pela École Philippe Gaulier, França. Foi cofundadora da Cia. do Chá, com a qual atuou e experimentou escritos dramatúrgicos, e colaboradora do grupo Pigmalião Escultura que mexe. É, junto com Vinícius Souza, realizadora da mostra Janela de Dramaturgia. Como autora, seus últimos trabalhos foram: S/ Título, Óleo Sobre Tela (Cia. do Chá), Noturno (grupo Teatro Invertido) e Cine Splendid (Residência dramatúrgica pelo programa Iberescena).

Fábrica de Nuvens[1]

Daniel Toledo

Os bens outrora raros
tornam-se abundantes:
o pão e os alimentos em geral.

Ao contrário,
os bens outrora abundantes
tornam-se raros:
o espaço,
o tempo,
o desejo

Henri Lefevbre,
sociólogo francês (1901-1991)

Personagens:
Janet, promotora de divulgação
Albert, palestrante institucional
Margaret, secretária responsável pelo cadastramento
Donald, assistente técnico
Schaufensterpuppen, coordenadora remota do setor
Sr. Martin, presidente da organização
Margaret Aposentada, ex-funcionária do projeto

1. Fábrica de Nuvens estreou no Teatro Espanca!, em Belo Horizonte, em junho de 2013, com direção do próprio autor e atuação de Alexandre de Sena, Bianca Fernandes, Daniel Toledo, Martim Dinis e Regina Ganz. Ao lado de Clínica do Sono e Controle de Estoque, a peça integra a Trilogia do Trabalho e o repertório do coletivo TAZ.

Ato I:
Prólogo

A ação se passa em um futuro indefinido e precário. ALBERT, JANET, DONALD *e* MARGARET *trabalham em uma* ONG *internacional dedicada a causas ambientais. Já há algum tempo os quatro viajam juntos, realizando consecutivas palestras institucionais com o intuito de apresentar a empresa ao público, arrecadar doações e conseguir voluntários para suas ações.*

Cena 1:
Sejam Bem-Vindos

Enquanto o público chega ao teatro, alguns dos funcionários estão do lado de fora, sentados na calçada, já com seus uniformes. Fumam, conversam sem muito entusiasmo, observam algo em uma revista. Enquanto isso, JANET está de pé e agita uma bandeira estampada com a marca da Fábrica de Nuvens em direção aos pedestres e aos carros que passam. Pouco tempo antes de as portas serem abertas ao público, os funcionários entram no teatro. Enquanto os demais funcionários se acomodam em seus

72   fábrica de nuvens

lugares, JANET permanece próxima à porta, cumprimentando os integrantes do público um por um, e lhes distribui crachás ou cartõezinhos de visita.

JANET (repetidamente): Boa noite, sou Janet. Boa noite. Janet.

(*Após a entrada do público,* JANET *se junta aos demais funcionários. Enquanto ela organiza a mesa e os formulários de inscrições,* MARGARET *parece ter muito pouco a fazer, e observa atentamente a plateia.* ALBERT *organiza alguns documentos sobre a mesa, e vez ou outra pede que* JANET *guarde alguma coisa no arquivo.* MARGARET *oferece um copo d'água para* DONALD, *que cruza o palco consecutivamente, trazendo alguns fios de um lado a outro. Ao som de um sinal ou música-tema, os funcionários realizam exercícios laborais. Após terminar os exercícios, os quatro se recompõem. Assim que* ALBERT *está pronto, se despede dos demais e segue à frente do palco. Os outros voltam aos seus postos.*)

Cena 2:
O Aquecimento Global

ALBERT *observa a plateia e dá início à palestra institucional.*

ALBERT: Antes de qualquer coisa, boa noite a todos os candidatos e muito obrigado pela presença de cada um de vocês aqui, nessa apresentação da Fábrica de Nuvens. Imagino que alguns já tenham se informado sobre o nosso trabalho, mas outros ainda devem ter algumas dúvidas e até mesmo estar se perguntando: "O que vem a ser exatamente uma Fábrica de Nuvens?" Claro, à primeira vista, uma fábrica todos nós sabemos o que é. Nuvens, também, todos sabemos o que são. Todos nós, aqui, aprendemos ainda na infância que as nuvens se formam quando a água evapora, alcança temperaturas muito frias e chega a outro estado, o estado condensado. Por outro lado, todos nós, aqui, também aprendemos que as nuvens não são feitas por fábricas, mas pela própria natureza. E agora vejam só: se estamos aqui, hoje, interessados em fábricas capazes de produzir nuvens, é sinal de que a natureza já não é mais a mesma. Nos aproximamos, então, do tema central deste encontro, sobre o qual vou fazer uma rápida

daniel toledo

apresentação. Um assunto que, suponho, deve interessar a todos vocês: o aquecimento global. Como muitos devem saber, várias medidas têm sido tomadas, em diferentes partes do planeta, para controlar os efeitos desse fenômeno que realmente promete alterar os modos de vida daqui em diante. Somente na última conferência de Estocolmo, para que vocês tenham uma ideia, foram elaborados cinco planos para reduzir os efeitos do aquecimento global. O primeiro desses planos, inclusive, é um velho conhecido de todos nós: "Salvar as florestas." Infelizmente, no entanto, precisamos finalmente reconhecer que, nos dias de hoje, essa ideia tem se mostrado utópica e até mesmo ultrapassada, fazendo com que boa parte da comunidade científica se volte a propostas mais realistas, mais sofisticadas, mais atuais, como é o caso deste projeto, que nós temos o orgulho e a honra de fazer parte: a Fábrica de Nuvens. Nessa ação, idealizada pelo Sr. Martin, vinte grandes embarcações de altíssima tecnologia serão enviadas ao polo norte, e outras vinte grandes embarcações também de altíssima tecnologia serão enviadas ao polo sul. Após aproximadamente dois meses de viagem, essas quarenta embarcações chegarão às duas extremidades do planeta, as grandes calotas polares. Depois de estacionadas em pontos estratégicos dos polos, as embarcações darão início à produção de imensas nuvens que formarão camadas protetoras sobre as duas extremidades do planeta. Essas camadas protetoras, compostas por grandes nuvens, vão impedir a passagem dos raios solares, reduzindo o derretimento das calotas polares e contribuindo, assim, para o controle dos efeitos do aquecimento global. E agora eu devo dizer que vem a melhor parte, claro, o grande motivo deste encontro. Cada um de vocês aqui presentes, hoje, poderá fazer parte da nossa instituição. Cada um de vocês poderá se tornar um membro associado da Fábrica de Nuvens e até mesmo participar de uma dessas expedições. Partir numa longa viagem em direção aos polos, em direção a paisagens

74 fábrica de nuvens

calmas, pacíficas — que daqui a algum tempo, segundo várias pesquisas, talvez já nem existam mais.

(Sem qualquer explicação, JANET cruza o palco em direção à saída do teatro, causando certo estranhamento em seus companheiros de equipe. Quando já está na rua, ela grita algo que não se entende. ALBERT tenta disfarçar; MARGARET e DONALD deixam transparecer alguma coisa.)

ALBERT: Para fazer doações ou participar de uma dessas expedições, basta preencher o nosso formulário, que será distribuído pela Janet, logo após esta palestra, fazer o cadastramento, com a Margaret, e gravar, com o Donald, um depoimento em vídeo, respondendo à seguinte pergunta: *(como quem fala a si mesmo)* "Por que você gostaria de trabalhar na Fábrica de Nuvens?" Assim que conseguirmos verba suficiente para a realização das expedições, ou no prazo máximo de dois anos, quando termina essa série de palestras, nossa equipe entrará em contato com aqueles que melhor se encaixarem no perfil da organização. *(Sem conseguir encarar o público.)* Bom, vocês podem me chamar de Albert, eu encerro aqui a minha participação neste encontro. Infelizmente nossa coordenação nos orientou a não abrir espaço para perguntas. Caso alguém tenha dúvidas sobre o projeto, pode me perguntar pessoalmente, já que eu estarei aqui enquanto vocês fazem suas inscrições. Agradeço mais uma vez pela atenção de todos e conto, é claro, com a colaboração de cada um para o controle deste grande problema que é o aquecimento global. Boa noite.

Cena 3:
O Desaparecimento de Janet

DONALD segue transitando de um lado a outro. Um tanto impaciente, ALBERT caminha até a mesa de MARGARET.

ALBERT: Cadê a Janet?

MARGARET: A Janet!

daniel toledo

ALBERT: Nesse momento a Janet distribui os formulários...

MARGARET: Ela tava aqui nesse minuto, Albert. (*Grita.*) Donald, ela não tava aqui nesse minuto?

ALBERT: Ela estava aqui na hora da palestra, eu sei...

MARGARET: Será que aconteceu alguma coisa?... Ela não me falou nada, podia ter avisado, deixado um bilhetinho...

ALBERT: Se ela não distribui os formulários, como é que você vai fazer o cadastramento?...

MARGARET: Calma, Albert, ela tava aqui agorinha mesmo. Ela já volta.

(*ALBERT respira fundo, vai ao proscênio e conversa novamente com o público.*)

ALBERT: Boa noite – mais uma vez. Bom, como vocês devem ter percebido, tivemos um imprevisto com a nossa promotora de divulgação, em breve nós vamos iniciar as inscrições. A Janet deve voltar a qualquer momento. Podemos esperar, talvez, uns dois minutos? Dois minutinhos.

(*ALBERT, MARGARET e o público esperam Godot. DONALD cruza o palco algumas vezes. Albert volta à mesa de trabalho.*)

Cena 4:
Eu Queria Ter Férias

ALBERT: É, Margaret... A Janet gostava muito daqui... Gostava muito dos polos, desde criança queria conhecer os polos...

MARGARET: Desde criança.

ALBERT: Desde pequena ela tinha essa vontade.

MARGARET: É sim, desde pequena.

ALBERT: Mas também, quando a gente é criança, a gente sempre quer alguma coisa diferente. A gente sempre tem mais coragem. Só que uma hora isso passa. Eu, por exemplo, né, Margaret: eu queria ser astronauta. O Donald: piloto de Fórmula 1. Você é que nunca falou, o que é que você queria ser?

MARGARET: Eu?

ALBERT: É.

MARGARET: Cabeleireira.

76   fábrica de nuvens

ALBERT: Sim, cabeleireira, mas e quando você era criança, Margaret...
MARGARET: Como assim?
ALBERT: Quando você era criança, o que é que você queria ser?
MARGARET (*acha graça*): Não... Quando eu era criança, eu não queria
              ser nada não.
ALBERT: Nada?
MARGARET (*acha natural*): Nada.
ALBERT: Mas e quando te perguntavam, o que você dizia?
MARGARET: Perguntavam o quê?
ALBERT: Perguntavam: "O que você quer ser quando crescer?"
MARGARET (*acha muito estranho*): Ninguém me perguntava isso, não, Albert.
ALBERT: Sempre perguntam.
MARGARET: Pra mim, não, nunca perguntaram.
ALBERT: Não sonhava em ser aeromoça...
MARGARET: Oi?
ALBERT: Aeromoça?
MARGARET: Não.
ALBERT: Engenheira?
MARGARET (*irônica*): Engenheira, Albert!
ALBERT: Sei lá, Margaret, bailarina, então?
MARGARET (*em dúvida*): Bailarina...

(*DONALD retorna, traz em suas mãos algum tipo de aparato tecnológico, talvez envolto
em plástico-bolha. Em seguida cochicha alguma coisa com* ALBERT, *que vai até o arquivo.*
DONALD *permanece em cena, escuta o que diz* MARGARET.)

MARGARET: Ah... Já sei... (*Para* DONALD.) Lembrei o que eu mais queria
              quando eu era criança. (*Para si.*) Eu queria ter férias. Que-
              ria. Era isso que eu queria. Eu queria ter férias pra poder
              fazer o que eu quisesse. Passar o dia inteiro dormindo.
              Passar o dia inteiro deitada. Queria que minha mãe tivesse
              férias, também, pra gente poder deitar e conversar, pra
              eu poder cuidar do cabelo dela. (*Para* ALBERT *e* DONALD.) E eu
              deixava o cabelo dela lindo de morrer...

(*ALBERT volta com alguns papéis, percebe a passagem do tempo.*)

ALBERT: Margaret, liga pra Schaufensterpuppen, explica o que
              aconteceu e pergunta o que a gente faz.

MARGARET: Espera, Albert, vamos tentar falar com a Janet primeiro…

ALBERT: Liga pra Schaufensterpuppen, Margaret, e pergunta o que a gente faz.

MARGARET: Por favor, Albert, vamos esperar só mais um pouco? (*Para o público.*) Depois a Janet aparece e a gente vai arrumar confusão pra ela à toa…

Cena 5:
Schaufensterpuppen

Uma mensagem de SCHAUFENSTERPUPPEN, coordenadora remota do setor, surge em cena e interrompe a conversa.

SCHAUFENSTERPUPPEN: Boa noite, equipe, espero que tenha corrido tudo bem com a palestra de hoje. Albert, por favor, não se esqueça de preparar a documentação solicitada pela Sr. Martin. O quanto antes. Margaret, também não se esqueça de me enviar o relatório de inscrições assim que terminar o cadastramento. Vamos evitar problemas com o Sr. Martin, ok? Até breve.

(*ALBERT assente com a cabeça e começa a trabalhar, como se o público não estivesse ali. DONALD decide comer alguma coisa.*)

Cena 6:
Quebrando o Gelo

Um tanto constrangida, MARGARET puxa papo com o público.

MARGARET: O Sr. Martin é o presidente e idealizador da Fábrica de Nuvens. A Schaufensterpuppen é a coordenadora remota do nosso setor. O Albert é o nosso supervisor. Eu recebo as doações e faço o cadastramento digital (*olha para o telão*) das inscrições. É, até agora nós não temos nenhuma. Mas eu só posso fazer o cadastramento depois que a Janet – nossa

78 fábrica de nuvens

promotora de divulgação – entrega os formulários. (*Olha para* DONALD.) O Donald é o nosso assistente técnico. Ah, ele também dirige a nossa van.

(DONALD *continua comendo.* MARGARET *dá uma olhada na direção de* ALBERT.)

MARGARET: Vocês acreditam que, antes de trabalhar com isso, eu era ascensorista... Mas o que eu queria mesmo era ser cabeleireira... Também já trabalhei na rodoviária, vendendo passagem...

(*Uma história lhe vem à cabeça.*)

MARGARET: Aí teve um dia, lá na rodoviária, em que eu atendi um cliente tão gentil. A gente conversou tanto que ele até me convidou pra viajar com ele. Mas, assim, sem escova de dente, sem roupa, sem mala... Não fui, não. Isso também já faz tanto tempo. Mas é engraçado, depois disso eu sempre achava que alguém ia aparecer lá na rodoviária, no elevador, na papelaria, em todos os lugares onde eu trabalhei. Aí eu comecei a trabalhar com isso. Já tem um tempinho também, né, Donald? Aqui é bom. (*Outra história lhe vem à cabeça.*) Gente... vocês tinham que ver a moça do xerox onde a gente foi hoje... (*Ri de si mesma.*) Na verdade não dá pra ver, porque a janelinha do xerox é tão pequena que a gente só vê a mão da moça. Mas eu gostei muito dela. Ela entregou as moedinhas com tanta delicadeza... Nossa, que paz, achei ótimo. Não sei se vocês já passaram por isso, mas tem umas moças que jogam as moedas na gente. Tem umas que jogam com força. Uma violência... (*Muda de assunto.*) Hoje, quando a gente estava vindo para cá, eu vi uma coisa tão triste. Mas até que, por outro lado, eu achei bonito também. É que tinha um senhor com um carro bem velho, estragado no meio do engarrafamento. Os carros passavam, e ele ficava olhando em volta, de um lado pro outro, esperando alguém aparecer pra ajudar a empurrar o carro. Eu fiquei olhando aquilo... e torcendo pra que alguém aparecesse logo. Mas, aí, o sinal abriu, a nossa van andou, e eu fiquei sem saber o fim da história.

(DONALD *finaliza o que estava fazendo e atravessa o palco.* MARGARET *o acompanha com os olhos. Pelo outro lado,* ALBERT *volta à cena, observando a conversa entre* MARGARET *e o público.*)

MARGARET: Agora, tem umas coisas que são engraçadas. Eu aluguei uma casa com quintal, porque eu adoro sol. Só que todo dia eu saio de casa tão cedo e chego tão tarde, que eu nem vejo o sol.

(DONALD *também volta, senta-se em algum ponto do palco; dali observa o público e acompanha a narrativa de* MARGARET.)

MARGARET: Aí, outro dia, eu acordei mais cedo, tava escuro ainda... Aí eu arrastei sofá, mesa, cadeira, cama, criado, tudo... Coloquei tudo no quintal... Se eu não posso aproveitar, pelo menos eles aproveitam.

Ato II

Cena 7:
Timing

Uma música rompe a cena. Mantendo sempre os olhos no público, MARGARET, ALBERT *e* DONALD *se abanam com o que têm nas mãos. A portinha da rua se abre, sem ninguém passar — e os três funcionários passam os olhos na porta. Como se arremessada através da porta,* JANET *entra no vazio da música.* ALBERT, MARGARET *e* DONALD *se juntam a ela. Os quatro dançam juntos uma mesma coreografia. Podem cantar.* JANET *para, afasta-se do bloco, e sai do teatro mais uma vez.* ALBERT, MARGARET *e* DONALD *a acompanham com os olhos, permanecendo no mesmo lugar.*

Cena 8:
Os Polos, a Nave e a Galinha

Como em uma cena de Tchékhov, os três iniciam uma conversa amistosa.

80   fábrica de nuvens

ALBERT: A Janet gostava muito daqui… Ela gostava muito dos
             polos. Ela sempre comentava que desde criança queria
             conhecer os polos.
MARGARET (*lembra-se de algo engraçado*): Desde criança.
ALBERT: Desde pequena ela tinha essa vontade.
MARGARET (*não consegue conter o riso*): É sim, desde pequena. (*Rindo muito.*)
             Quando eu era pequena eu tinha uma galinha de estima-
             ção. E eu adorava amarrar uma fitinha no pé da minha
             galinha e sair com ela pra passear na rua.

(*ALBERT e DONALD riem um pouco, depois voltam ao trabalho.*)

MARGARET: As pessoas achavam um pouco estranho. É um pouco estra-
             nho. Mas eu adorava. E eu acho que ela também gostava,
             ela se sentia tão especial! Ela se sentia *a* galinha!

(*MARGARET lembra-se de uma boa história contada por ALBERT.*)

MARGARET: Ah, Albert, você podia contar pra eles aquela sua história
             da nave espacial.
ALBERT: Que nave espacial, Margaret?
MARGARET (*avança e diz para o público*): O Albert não gosta de contar, mas
             ele já viajou numa nave espacial, no espaço mesmo…
ALBERT: É estação espacial, Margaret.
MARGARET: Você tinha falado nave espacial…
ALBERT: Nave espacial não existe.
MARGARET: Donald! O Albert não tinha falado nave espacial?
ALBERT (*para o público*): Não existe nave espacial, gente, o certo é esta-
             ção espacial.
MARGARET (*recua, já pegando uma cadeira para ALBERT*): Eu não falei disco voa-
             dor, eu falei nave espacial…
ALBERT: Estação espacial.
MARGARET: Estação espacial, Albert, conta pra eles…

(*ALBERT se aproxima da cadeira. DONALD traz mais algum objeto à cena, coloca-o nos
arredores dos outros.*)

ALBERT (ri): Bom, vamos lá. É que, durante as minhas últimas férias aqui
             da Fábrica, eu passei duas semanas em uma estação espacial.
MARGARET (*entusiasmada, para o público*): Era um teste!

daniel toledo

ALBERT: Era como se fosse um teste. Duas semanas em uma estação espacial, observando e... anotando as... coisas que aconteciam ao redor. Não acontecia, assim, muita coisa, mas era interessante.

(*No canto da cena,* MARGARET *começa a lembrar-se do caso.*)

ALBERT: Nós também éramos quatro lá na estação. Cada um de um lugar, cada um tava lá por um motivo. Agora, sempre que a gente tinha um tempinho, a gente se juntava na janela da estação pra olhar para a Terra, lá de longe. Pra olhar, e ver a Terra inteira, solta, no espaço. A gente olhava para a Terra e entendia que a gente tinha aquilo em comum. A gente tem. É todo mundo daqui, né?

(*Em meio às suas atividades,* DONALD *faz algum barulho e atrapalha o relato de* ALBERT.)

ALBERT: Foi isso. Foram só duas semanas. Depois chegou um ônibus espacial pra buscar a nossa equipe, e outros candidatos trocaram de lugar com a gente. Foi difícil ver a estação ficando cada vez mais longe, e a Terra se aproximando de novo. Chegando aqui, eles agradeceram a minha participação, mas acabaram escolhendo outro candidato. Nunca mais saí da Terra. (*Silêncio, olha ao redor.*)

Cena 9:
Schaufensterpuppen, o Retorno

Surge uma nova mensagem de Schaufensterpuppen.

SCHAUFENSTERPUPPEN: Boa noite, equipe. O Sr. Martin me informou sobre o desaparecimento da Janet. Albert, vamos precisar de um comunicado oficial ao público sobre o paralisação dos atividades do empresa e também de um mensagem qualquer de despedida e agradecimento à Janet. Margaret, esvazie o gaveta e a escaninha da Janet. O Sr. Martin deseja que a nova promotora de divulgação comece a trabalhar o quanto antes. Até breve!

82   fábrica de nuvens

Cena 10:
A Janet que Morreu
(Margaret x Margaret)

Toca o telefone. MARGARET, que já começava a esvaziar o escaninho de JANET, o atende.

MARGARET (confiante, pede licença ao público e atende): Alô! Alô! Alô!

MARGARET APOSENTADA: Alô. É Janet?

MARGARET (desapontada): Não. É a Margaret.

MARGARET APOSENTADA: Margaret? Eu também sou Margaret!

MARGARET: A senhora também é Margaret?

MARGARET APOSENTADA: Sou Margaret sim, desde criança!

MARGARET: Que curioso, senhora. Que coincidência. Pois não?

MARGARET APOSENTADA: Margaret, querida, você trabalha com a Janet?

MARGARET (para ALBERT): Perguntou se eu trabalho com a Janet.

ALBERT: Pergunta qual Janet...

MARGARET (respira fundo): Qual Janet, senhora?

MARGARET APOSENTADA: Janet... não sei o sobrenome, ela é alta, magra, cabelo com-
prido, liso, caladinha, caladinha...

MARGARET (para ALBERT): A Janet que morreu. (Respira fundo, volta ao telefone.)
Ela... não está, senhora.

MARGARET APOSENTADA: Ah não, onde ela está?

MARGARET: Está... trabalhando fora hoje, senhora.

MARGARET APOSENTADA: Trabalhando fora... Que curioso. Sabe o que que é? É que
eu já trabalhei aí na Fábrica de Nuvens também, há um tempo atrás.
Trabalhei com a Janet, mas depois saí, por causa de uns problemas. Lesão
por esforço repetitivo. Hoje me deu uma saudade da Janet, queria saber
das novidades, quem sabe marcar um café... Que horas eu posso ligar
para conversar com ela?

MARGARET (pelo telefone): Só um instante, senhora, vou confirmar com
o meu supervisor. (Para ALBERT.) Então. É uma mulher. Margaret. Diz ela que trabalhou aqui na empresa com a Janet
que morreu, depois se afastou por problemas de saúde.
Lesão por esforço repetitivo.

ALBERT: E o que que ela quer?

daniel toledo

MARGARET: Ela quer saber das novidades, ai, Albert, como que eu vou falar pra essa senhora que a Janet morreu...

ALBERT: Não sei, Margaret. Ainda mais daquele jeito...

MARGARET: Coitada da Janet que morreu. (*Pelo telefone.*) Um minuto, senhora. (*Para* ALBERT.) Albert, o que que eu falo?

ALBERT: Fala que a gente não sabe quando ela volta, mas assim que ela aparecer, vamos dar o recado.

MARGARET (*pelo telefone*): Senhora?

MARGARET APOSENTADA: *Ai Margaret, querida, que demora. O que que ele falou?*

MARGARET (*obediente*): Olha, a gente não sabe exatamente quando ela volta. Mas pode deixar, assim que ela aparecer, eu passo o seu recado, senhora.

MARGARET APOSENTADA: *Ai, por favor, faça isso sim, eu tenho certeza que ela deve estar com saudades de mim também. Aliás, querida, gostei muito de você, quem sabe você vai com a gente, eu vou adorar conhecer você, eu fico sempre aqui em casa, tão sozinha, é difícil às vezes...*

MARGARET: Ah, claro, se eu puder, eu vou tomar um café com você, senhora.

MARGARET APOSENTADA: *Venha sim, querida! Olha, eu adoro cozinhar para as pessoas, adoro receber gente nova, quem sabe você não vem mais vezes? É bom que a gente pode conversar um pouco, porque a Janet é simpática, mas ela é tão caladinha, não fala nada...*

MARGARET: Senhora, desculpe, nós só temos essa linha, e a gente está aguardando uma ligação...

MARGARET APOSENTADA: *Quem sabe depois de tomar um café a gente vai ao cinema, tem tantos filmes interessantes no cinema, faz tanto tempo que eu não assisto a um filme bom... Você gosta de cinema? Será que a Janet vai querer ir com a gente? Nossa, eu ia gostar muito!*

MARGARET (*com pesar, sentindo o peso da morte*): Senhora... Senhora... Por favor, senhora... (*Vai à frente do palco.*) Ela morreu. Ela morreu, senhora. Morreu. Morreu aqui. De tédio. Depois outra Janet entrou no lugar dela, mas ela também... não está. Senhora? Senhora?

(MARGARET APOSENTADA resmunga e emudece.)

84   fábrica de nuvens

Cena 11:
Nota de Desaparecimento

ALBERT *segue escrevendo.* MARGARET *desliga o telefone, distrai-se com alguma coisa. Repentinamente lembra-se da morte de* JANET *e permanece perplexa por alguns instantes.*

MARGARET: Ai, e as inscrições... A Janet não dá notícia... Donald... Donald!

(DONALD *aparece em alguma situação constrangedora.*)

MARGARET: Me ajuda, Donald! Fala alguma coisa! (*Com humildade.*) Ai, Albert, o que é que você tá fazendo que você não me ajuda?

ALBERT (*mastiga as palavras*): O que é que eu tô fazendo, Margaret? O que é que eu tô fazendo? Estou tentando inventar uma nota de desaparecimento! Estou tentando escrever a nota sobre o desaparecimento da Janet. Só que eu não sei escrever uma nota de desaparecimento, Margaret. Você sabe, por acaso, improvisar uma nota de desaparecimento? Alguém aqui sabe escrever uma nota de desaparecimento? Sabe o que é que se diz numa nota de desaparecimento, por acaso?

(*Ressurge a música tema dos exercícios laborais, prontamente seguidos por* MARGARET *e* DONALD. *Enquanto os colegas se exercitam,* ALBERT *escreve e lê em voz alta a nota de desaparecimento da* JANET.)

ALBERT: Informamos a todos os interessados nas expedições da Fábrica de Nuvens que a nossa promotora de divulgação no Brasil, Janet, fugiu. Suspendemos temporariamente nossas atividades e prestamos uma breve homenagem à Janet. Informamos a todos os interessados nas expedições da Fábrica de Nuvens que a nossa promotora de divulgação no Brasil, Janet, não aguentou mais. Esperamos que o trabalho iniciado por ela tenha êxito e conte com a dedicação de todos os que participam do projeto. Suspendemos temporariamente nossas atividades e prestamos uma breve homenagem à Janet. Informamos a todos os interessados nas expedições da Fábrica de Nuvens que a nossa promotora

daniel toledo

de divulgação no Brasil, Janet, foi tentar ser feliz. Obrigado, Janet, desejamos tudo de bom a você. Deixando portanto essa função que sempre desempenhou com muita dedicação e competência. Informamos a todos os interessados nas expedições da Fábrica de Nuvens que a nossa promotora de divulgação no Brasil, Janet, se desligou da empresa. Suspendemos temporariamente nossas atividades e prestamos uma breve homenagem à Janet. Obrigado, Janet. Desejamos tudo de bom a você. Equipe da Fábrica de Nuvens.

Ato III

Cena 12:
Obrigado, Janet

Depois que MARGARET *e* DONALD *terminam os exercícios,* ALBERT *volta ao proscênio e lê ao público a nota de desaparecimento de* JANET.

ALBERT: Boa noite, novamente. Informamos a todos os interessados nas expedições da Fábrica de Nuvens que a nossa promotora de divulgação no Brasil, Janet, se desligou da empresa, deixando, portanto, essa função que sempre desempenhou com muita dedicação e competência. Diante disso, suspendemos temporariamente nossas atividades e prestamos uma breve homenagem à Janet, esperando que o trabalho iniciado por ela tenha êxito e conte com a dedicação de todos os que participam do projeto. Obrigado, Janet. Desejamos tudo de bom a você. Equipe da Fábrica de Nuvens.

(MARGARET *encontra alguma coisa na gaveta de* JANET, *vai avisar aos colegas.*)

MARGARET: Albert, espera. O que que essa fita tá fazendo nas coisas da Janet? Será que é um depoimento, uma inscrição... O Sr. Martin vai ter um troço!

Cena 13:
O Problema É o Tanto de Coisa

Flashback. JANET *entra novamente no teatro e vai à cena, trazendo consigo a bandeira da Fábrica de Nuvens.*

JANET: Oi. Meu nome é Janet. (*Ri, hesita antes de falar.*) Eu acho interessante essa ideia de salvar o planeta, mas na verdade eu comecei a trabalhar na Fábrica de Nuvens por outro motivo. Eu queria conhecer os polos – o polo norte, principalmente. Foi por isso que eu comecei a trabalhar aqui. É que eu sempre ouvi muitas histórias sobre o polo norte, e o meu grande sonho é passar um inverno por lá. (*Ri, sem graça.*) É que lá, durante o inverno, as famílias todas se juntam na mesma casa – o meu pai é que sempre me contava isso. Ele contava que durante o inverno, todo mundo vira parente, vira todo mundo da mesma família. Sempre que alguém consegue caçar alguma coisa, tem festa em casa e se divide a carne e a pele para todo mundo. No dia seguinte eles vão caçar de novo. Meu pai contava que lá no polo norte não se pode guardar para amanhã. Às vezes eles encontram uns estoques de pele e carne na casa de alguém. Sabe o que eles fazem com essas pessoas? Eles levam até o mar aberto, colocam ela em cima de um desses... desses blocos de gelo que flutuam pelo mar. Colocam a pessoa em cima desse bloco de gelo, junto com toda a carne e a pele que ela tiver acumulado, e ficam olhando até a pessoa desaparecer no horizonte. Eu não sei se acho certo, mas também não acho errado. Tem tanta coisa errada por aqui também. Tanta coisa. Às vezes é tudo tão frio, e vai cada um pra sua casa passar frio sozinho. Eu acho que a gente daqui não sabe lidar com o frio. Também não sabe lidar com as coisas que sobram. É tanta coisa que sobra. Meu pai sempre falava isso. "Tanta coisa. Tanta coisa no mundo. O mundo acaba porque não aguenta tanta coisa em cima dele." O mundo acaba é porque não aguenta tanta coisa em cima dele. E aí inventam essas embarcações pra resolver um problema que é outro. O problema... Eu acho que o problema é o tanto de coisa. Eu já entendi que essas embarcações, que essas palestras não vão dar em nada. A única coisa que ainda faz sentido aqui é a convivência. Mas às vezes eu penso em desistir. Eu penso em largar isso aqui e dar um jeito de viajar pros polos de uma vez. Dar um jeito de ir pros polos e ficar por lá, até a hora em que o mundo acabar. Às vezes eu penso que o meu lugar não é aqui.

Cena 14:
Curto-circuito

Neste momento, cria-se a impressão de que houve um curto-circuito. Entra uma nova música. DONALD *surge em cena, pode trazer cabos, fios e algum aparato tecnológico. Começa a dançar discretamente, aos poucos vai ganhando espaço. Enquanto isso,* ALBERT *permanece apoplético.* MARGARET *silenciosamente se levanta, preparando o escritório ambulante para a chegada da nova* JANET.

Cena 15:
Muito Obrigado, Sr. Martin

DONALD *desaparece. Ainda no escuro, ouvimos a voz de* ALBERT. *Ele fala ao telefone.* MARGARET *escuta, tenta disfarçar mas não consegue.*

ALBERT (mais firme): Sr. Martin?
SR. MARTIN: *Eu fiquei sabendo que perdemos outra Janet.*
ALBERT: Sim, perdemos outra Janet.
SR. MARTIN: *E as inscrições, já receberam alguma inscrição?*
ALBERT: Não, ainda não temos nenhuma inscrição, Sr. Martin...
SR. MARTIN: *É um absurdo! Eu vou conversar com a Schaufensterpuppen sobre isso, vamos ter que rever essa equipe, do jeito que está não vai dar pra continuar...*
ALBERT: Sr. Martin, por favor. Eu tomei a liberdade de ligar para o senhor porque está chegando o fim do meu contrato, e

88   fábrica de nuvens

eu queria anunciar, com todo o pesar de que sou capaz, que não vou poder renová-lo.

SR. MARTIN: *Como é que você tem coragem? Você não reconhece o que fizemos por você?*

ALBERT: Claro, a Fábrica de Nuvens me proporcionou grandes oportunidades de mostrar minha capacidade... Serei eternamente grato por isso.

SR. MARTIN: *Infelizmente você não se mostrou à altura...*

ALBERT: Sim, infelizmente não me mostrei à altura da honra que me foi conferida.

SR. MARTIN: *Nem poderia, porque você não tem capacidade intelectual.*

ALBERT: Porque eu não tenho capacidade intelectual.

SR. MARTIN: *O que só comprova a inferioridade dos cérebros do hemisfério sul.*

ALBERT: É, é a inferioridade dos cérebros do hemisfério sul em relação aos cérebros do hemisfério norte.

SR. MARTIN: *Imagino que vai ser difícil para você encontrar outra coisa...*

ALBERT: Não precisa se lamentar, e nem se preocupe comigo, Sr. Martin. Eu vou encontrar outra coisa.

SR. MARTIN: *Claro, o mundo é enorme.*

ALBERT: Sim, o mundo é enorme.

SR. MARTIN: *E não acaba tão cedo.*

ALBERT: E não acaba tão cedo. Eu sei. Muito obrigado, Sr. Martin.

(*ALBERT sai de cena lentamente, deixa o telefone para trás em um gesto de certa violência.*)

Cena 15:
Ritual do Grande Desfazer

Um tanto desnorteada, MARGARET pega sua mala, que estava ao lado da estante, e se aproxima do público, como quem pede ajuda. Retoma o clima de intimidade com a plateia.

MARGARET: Eu sempre trago comigo uma malinha com escova de dente, toalha de banho, umas três mudas de roupa... A gente tem que estar pronto pra qualquer oportunidade, né... Eu até gosto de trabalhar aqui, mas eu preferia uma vida mais divertida. (*Ri sozinha.*) Lá em casa eu tenho uma fantasia completa da mulher-maravilha! Às vezes eu tenho vontade de ir trabalhar com essa roupa, ir no shopping, no super-mercado, no teatro... Só pra fazer graça mesmo. Pra adoçar um pouco a vida das pessoas. Porque tem dias em que a vida é muito sem gosto. (*Engasga.*) Aliás, tem muitos dias em que a vida não tem gosto de nada. Às vezes eu tenho vontade de dar um tempo. Eu queria me transformar em nuvem. Eu nunca quis ir pros polos, não. Mas eu sempre penso que, quando a gente estivesse cansado, achando tudo sem graça, a gente devia se transformar em nuvem e voltar só depois. Eu penso isso. Daí a gente chamava os amigos para o Ritual do Grande Desfazer. "Fulano de tal comunica à vossa excelência que vai se transformar em nuvem hoje, às 22 horas. Traje de passeio." (*Tempo passa.*) Ah, eu queria virar nuvem. Ficar lá, voltar só depois, achando tudo mais novo, tudo mais doce.

(Blackout. *Trilha sonora. Por alguns segundos, o público vê algumas nuvens proje-tadas em cena. Ainda no escuro, os quatro funcionários se reúnem em cena, olhando para o público.*)

FIM.

Daniel Toledo é dramaturgo, diretor e ator, além de pesquisador e crítico em artes cênicas, performance e artes visuais. Mestre em Sociologia da Arte pela UFMG, fundou, em 2013, o coletivo TAZ, criando, de sua autoria, a *Trilogia do Trabalho*, em uma investigação sobre trabalho e exploração na sociedade contemporânea. Como roteirista, dramaturgo e diretor-assistente, colaborou com os diretores Eder Santos e Rita Clemente, com o grupo Madame Teatro e a Cia Afeta. É coeditor do site *Horizonte da Cena* e integrante do coletivo de críticos *DocumentaCena*.

Fodo

Wester de Castro

Peça em um ato com oito cenas e um epílogo

Personagens:
    Homem
    Mulher
    Corretor de Imóveis
    Juíza
    Crianças
    Visita

espaço da encenação nos remete a um lote vago, um lote com características mistas de um chiqueiro e de uma casa. Esse lugar está cercado nos quatro lados. Cerca de arame liso. Há ainda um portão de grades de ferro. *A plateia, depois de passar pelo portão, é acomodada nos quatro cantos do lote, dentro do espaço. As cenas acontecerão à frente da plateia.* Estão todos dentro desse chiqueiro-casa.

Inicialmente alguns elementos são indispensáveis para a encenação. Cadeiras, o bule com xícaras, o prato com biscoitos do tipo Maria, uma mala, o salgueiro que fica no quintal da casa, e a janela que dá para a rua. Além de um sino, bolinhas de papel, jornal e uma máscara.

Cena 1:
A Casa

Um HOMEM, pelos saindo das orelhas – símbolo da idade –, completamente absorto diante de uma cerca e de um grande portão de ferro. Casa sem número. *A imagem nos remete à solidão de um homem que num deserto de proporções gigantescas parece ele, o* HOMEM, *muito pequeno. Há um tom nostálgico na cena. Ficamos um tempo com essa imagem.*

CORRETOR DE IMÓVEIS (*aparece na cena chamando a atenção do* HOMEM): Escuta! Escuta!

(O HOMEM *ainda está em silêncio, estático, olhando o portão, a cerca e a casa lá dentro. Dá muita importância ao que vê.*)

CORRETOR DE IMÓVEIS (*como que tentando tirar o homem de um sono profundo*): O senhor me escuta?

HOMEM (*finalmente dá atenção ao* CORRETOR *e o responde*): Fala. Não é essa a ordem?

CORRETOR DE IMÓVEIS (*num tom cômico*): O senhor escuta?! Ah, que bom, o senhor escuta! Achei que fosse surdo com esses pelos saindo das orelhas.

(O HOMEM *não demonstra interesse.*)

CORRETOR DE IMÓVEIS (*diante do silêncio*): Desculpe a brincadeira... (*Mudando de assunto.*) Havia uma mulher que morava aqui antes de o senhor chegar. (*Referindo-se à casa.*)

(O HOMEM *permanece imerso em seus pensamentos diante da cerca e do portão de ferro.*)

CORRETOR DE IMÓVEIS: Ela era cega, surda e muda.

HOMEM: Cega, surda e muda?

CORRETOR DE IMÓVEIS: Cega, surda e muda.

HOMEM: Coitada... Dá dó ver gente assim. E ainda era pobre?

CORRETOR DE IMÓVEIS: Pobre, muito pobre. A casa foi uma herança.

HOMEM (*querendo saber mais*): E louca? Era louca!?

CORRETOR DE IMÓVEIS: Louquíssima. Como o senhor sabe?

HOMEM: Deduzi.

CORRETOR DE IMÓVEIS: Cega, surda, muda, pobre e louca.

HOMEM (*afirma sem hesitar*): E era preta!

CORRETOR DE IMÓVEIS: Preta?

HOMEM: É.

CORRETOR DE IMÓVEIS: Não, preta ela não era.

HOMEM (*numa decepção irônica*): Ah...

CORRETOR DE IMÓVEIS: Preta ela não era.

HOMEM: E morou aqui durante quanto tempo?

CORRETOR DE IMÓVEIS: Uns quarenta anos.

HOMEM (*nostálgico*): Juventude e velhice...

wester de castro   95

CORRETOR DE IMÓVEIS: O que disse?

HOMEM (*mudando de assunto*): Você não vai me mostrar a casa?

CORRETOR DE IMÓVEIS: Tenho certeza que o senhor ficará com ela.

HOMEM (*enquanto entram na casa*): Os quartos?

CORRETOR DE IMÓVEIS: Quatro. Quatro quartos.

HOMEM: E a suíte?

CORRETOR DE IMÓVEIS: Apenas uma. Mas dois banheiros em excelentes
        condições.

HOMEM: É o suficiente.

CORRETOR DE IMÓVEIS (*descritivo*): Duas salas grandes. Piso de madeira.
        Uma bela cozinha.

HOMEM (*olhando uma árvore no quintal*): O salgueiro está lindo...

CORRETOR DE IMÓVEIS: Sim, mas se quiser pode podá-lo. A fiscalização
        já não passa mais.

HOMEM: Deixa assim, como está.

CORRETOR DE IMÓVEIS: Antes era tiro e queda. Toda semana aparecia um
        fiscal pra passar o olho. Ela ficava revoltada.

HOMEM (*interessado*): Ela quem?

CORRETOR DE IMÓVEIS: A antiga proprietária. Soltava os cachorros. Louca!

HOMEM: A cozinha, quero ver a cozinha.

CORRETOR DE IMÓVEIS: Alguma exigência específica? Podemos reformar
        se for o caso.

HOMEM: Gosto da cozinha. É espaçosa, (*breve pausa*) aposto.

CORRETOR DE IMÓVEIS: Todos os cômodos nesta casa são espaçosos. Boa
        circulação do vento. O sol bate, tanto o da manhã quanto
        o sol do fim da tarde.

HOMEM (*falando para si*): Ela morava aqui sozinha...

CORRETOR DE IMÓVEIS: Morar, morava. Mas recebia muitas visitas. E algu-
        mas visitas ficavam anos, ouvi dizer.

HOMEM (*querendo saber mais*): O senhor ouviu???

CORRETOR DE IMÓVEIS: Que de tanta visita que recebia a mulher tinha
        fama de ser mulher da vida. Mas nisso eu não acredito.
        O povo é quem fala demais. Compreende?

(*O* HOMEM *volta ao estado absorto enquanto vão entrando na casa. Não responde.*)

CORRETOR DE IMÓVEIS: Compreende, Senhor?

HOMEM: Ela, mulher de vida?

CORRETOR DE IMÓVEIS (*no máximo de sua simpatia*): Imagine o senhor, cega, surda, muda, pobre, louca... e da vida? E da vida ainda... imagina!

HOMEM: Vou ficar com ela.

CORRETOR DE IMÓVEIS: Está fazendo um excelente investimento. E no mais vi de primeira que o senhor é muito esperto e não acredita em qualquer bobagem.

HOMEM: Acredito! Vou ficar! E essas coisas todas (*se referindo aos objetos espalhados pela casa*), posso ficar com elas?

CORRETOR DE IMÓVEIS (*na sua única intenção, que é vender o imóvel, facilita tudo*): Com tudo que tiver por aí. Agora se o senhor desejar se desfazer de alguma coisa e só avisar que mandamos buscar na hora.

HOMEM: Não.

CORRETOR DE IMÓVEIS (*assustado, achando que perdeu a venda*): Não o quê?

HOMEM: Não vou mexer em nada. Vai ficar tudo como está.

CORRETOR DE IMÓVEIS (*sempre solícito*): Como queira. Tem um bom gosto afinal. Nota-se.

HOMEM: Sim... Bom gosto!

CORRETOR DE IMÓVEIS: Nota-se!

HOMEM: Essa senhora cega, surda, louca e tal e tal. Da vida...

CORRETOR DE IMÓVEIS: O que tem?

HOMEM: Essa senhora que você afirmou não ser preta.

CORRETOR DE IMÓVEIS: E não era preta mesmo.

HOMEM (*concordando*): Não era.

CORRETOR DE IMÓVEIS: Pois fale...

HOMEM: Essa senhora foi minha mulher. Minha Mulher, entende?

(*Imediatamente, em outro lugar da cena, perto da cerca que rodeia o terreno da casa, surge a* MULHER. *Rapidamente, selecionado pela luz, vemos primeiro um dos seios da* MULHER *dependurado na cerca. Logo depois deixamos de ver o seio e uma nova seleção da luz exibe o seu rosto. A* MULHER *tem uma cara boa. Tranquila. Um sorriso leve, estampado, pequeno e gostoso. Um semblante adesivo, mas verdadeiro. Em algum outro lugar do espaço se vê a silhueta de outra mulher. A luz é muito baixa. É escuro. Desta mulher, que pouco se vê, ouve-se o texto e, por ele, deduz-se, é uma* JUÍZA. *O ambiente traz a frieza dos tribunais e suas salas grandes tomadas pelo ar-condicionado. Há ainda o silêncio respeitoso e improdutivo que incomoda. Às vezes podemos ouvir o barulho de* uma máquina de datilografar que só reforça a mudez do lugar. Então temos de um lado o rosto de semblante agradável da MULHER e de outro lado o vulto da JUÍZA, que diz:)

Cena 2:
Julgamento

JUÍZA (fala com a certeza daqueles que têm doutorado na vida. Primeiro ouvimos um pouco do som da máquina de datilografar): A senhora, presente neste tribunal, ré reincidente; em primeira instância declarada culpada abre último recurso. Retomemos o caso. No dia 23 de dezembro do ano de 1962, processada por um grupo de vizinhos, a senhora fora acusada de perversão e desordem contra a moral e bons costumes. Em detalhamento, a senhora é acusada de assédio moral, agressão física e ato obsceno. (A MULHER, durante a cena, sempre mantém expressão de tranquilidade e sorriso agradável.) Sabe-se, por parte do grupo de vítimas, que a mesma exibia os seios e convidava, em expressões chulas, os vizinhos a beberem e golfarem do seu leite. Induzindo, como numa seita, os indivíduos mais felizes ao suicídio. Em sua casa, onde antes havia um enorme muro de concreto, agora há uma cerca de arame liso, cerca esta levantada pela própria ré. Ali, do arame da cerca, ela dependurava, por assim dizer, suas tetas e convidava, por assim dizer, seu rebanho, logo, seus vizinhos a se servirem do que a própria chamava de fonte da vida. (Ouve-se um pouco mais do barulho da máquina de datilografar.) A senhora aqui presente ainda é acusada de cuspir nos transeuntes mais apressados e proclamar palavras de baixíssimo calão. Convidava, com frequência, Deus e o Diabo para juntos em seus seios desfrutarem do que é líquido. Leite e vinho. Consta que pedia ao Diabo para mamar na teta da direita e que Deus se contentasse com a da esquerda. Assustando assim as crianças que ali passavam em direção à escola local. É sabido, também, que a senhora algumas vezes chegou a enfrentar alunos rasgando seus livros e cadernos. Mães revoltadas não tinham acesso

98   fodo

à ré, pois, quando se aproximavam ela cuspia e blasfemava
palavras de ordem supostamente marxistas. O júri, diante
dos novos fatos apresentados e dos outros já conhecidos,
toma por parecer como resultado deste recurso, de forma
unânime, que a senhora deve continuar afastada de suas
atividades na carreira de veterinária e psiquiatria animal.
O júri alega, diante de laudo médico, que a ré teria sinais
suficientes de perturbações, doença ou qualquer outra
deficiência permissíveis de causar danos, ônus a quem
por infortúnio cruzar seu caminho. Assim sendo, é obvio
que não pode continuar a exercer de forma socialmente
satisfatória sua função de veterinária. (*A* MULHER, *do outro lado,
com o rosto iluminado, ouve e continua com o mesmo sorriso.*) Deve
também ter suspensa todas as suas publicações no jornal
deste distrito, onde escreve com frequência no caderno
"Bem Viver". Além de permanecer sob interdição e vigí-
lia constante de forma a garantir-se a segurança de toda a
vizinhança num período ininterrupto de dois anos. Ade-
mais, os especialistas declararam que a distinta não possui
discernimento de si própria nem tão pouco visão autocrítica. E não pode se controlar, pois lhe falta visualização
mais concreta do cotidiano. Tudo isso se agrava diante da
exaltação explícita do não arrependimento em relação
aos seus modos e atos. Por todas essas e mais, diante de
qualquer circunstância, caso algo ainda gere empatia com
a figura da senhora, esta deverá ser ignorada. Nenhuma
empatia mudará o percurso do sistema. Antes de tudo está
o Sistema Nacional de Saúde. Deixo nota de que a sentença
aqui dada será publicada em documento municipal, pro-
tocolada em ata e não mais poderá ser contestada. Tendo
claro e divulgado o parecer deste júri tomo esta audiência
por encerrada, devendo a ré permanecer calada. Setembro,
no dia 4 do ano 1981.

(*O som da máquina de datilografar invade a cena que vai ficando gradativamente mais
iluminada. A* MULHER, *numa serenidade tamanha, ainda mantém no rosto o mesmo
sorriso tranquilo e sincero do início. Então começa a desabotoar a blusa na intenção*

clara de que vai mostrar os seios novamente. Entra mais luz em cena. Antes que a MULHER tenha tempo para exibir os seios, vemos novamente o HOMEM, que agora tem outra aparência. Sem os pelos saindo das orelhas, está bem mais jovem que no início da peça. A MULHER também o vê e lhe dirige a palavra. Ela o aborda sem nenhuma cerimônia, como quem já sabe o que quer.)

Cena 3:
Quando se Conheceram

O lugar é uma rua movimentada com carros e buzinas, mas a atenção do HOMEM pela MULHER e vice-versa nos faz parecer que estão sozinhos no mundo. Há na cena uma certeza de que é preciso se permitir conhecer gente nova todos os dias e que isso dispensa os romances frívolos.

MULHER (certeira, quase seca): Eu adivinho sua idade, mas duvido que você adivinha a minha. Vamos fazer uma aposta de cálculo? (Tentando descobrir a idade do homem.) Quer ver... Quantos anos você acha que eu tenho? Você tem 15, 16 anos.

HOMEM: 22.

MULHER: 22? E eu, quantos anos você acha que eu tenho?

HOMEM (vendo de fato muita juventude nela): No máximo 23.

MULHER: Quantos?

HOMEM: 23.

MULHER (com o humor de muita maturidade, sabe onde quer chegar): 73?

HOMEM (aceita o jogo): Não, 23.

MULHER: Ah, nada. 60. Eu tenho 60 anos.

HOMEM (num disparo): Impossível.

MULHER: Duvida?

HOMEM: No máximo 25, 26, 27 não chega nos 30.

MULHER (tira do bolso duas carteiras, tem uma em cada mão): Quer ver? Deixa eu te mostrar uma coisa que você vai adorar. Olha essa carteira. (Mostra uma carteira da polícia civil.) Trabalhei muito tempo na polícia civil. (Pontuando.) Na Civil. Agora deixa eu te mostrar outra. Vê a foto... (Mostra uma carteira de identidade com uma foto antiga.) Olha que diferença... (Colocando

100

fodo

a carteira ao lado do próprio rosto, comparando as imagens.) O tempo não dá no placar. 25 anos eu tenho só de aposentada. Dava pra eu ter aposentado outra vez se eu tivesse continuado a trabalhar. Você tem 22 anos?

HOMEM (*sem inocência, mas um pouco seduzido*): É. E não acredito que tenha 60. Não mesmo.

MULHER: Eu entrei na polícia antes de ter a sua idade. Eu entrei pra estudar música. Na minha época se podia entrar na polícia pra estudar música. Tinha essa opção. Você não entende isso, de entrar na polícia pra aprender música, entende?

HOMEM (*perspicaz*): E tocar no sete de setembro! Acho que entendo... A senhora ainda toca?

MULHER: Não. Mudei de carreira. Comecei a tocar nas esquinas, pois me entediava muito tocar só pros generais. Nas esquinas os cachorros se aproximavam enquanto eu tocava. (*Tem um tom pastoral e forte, profeta, como se a rua toda realmente estivesse parada ouvindo o que ela conta.*) Os cães, sim, adoravam minha música. E eu os adorava. Se juntavam aos montes ao meu redor nas esquinas. Meu som era ardido, sempre foi. E eles escutam as notas mais agudas, sabia? Um agudo que só eles ouvem. Levava todos os cães pra minha casa. Cuidava. (*Olha para o homem como se ele agora fosse um dos cães.*) Virei amante dos cães que amam música. Antes, amante dos cães que me amavam tocando. Eu os tocava para dentro da minha casa. (*Profeta dos cães olha como se tocasse o homem para dentro de sua casa.*)

(*Breve pausa.*)

(*Iniciam um jogo de diálogos rápidos.*)

HOMEM: E eram muitos?

MULHER: Eram aos montes.

HOMEM: E não fedia, não sujava? Não deixavam tudo em desordem?

MULHER: Desordem é aceitável...

HOMEM: Não para policiais.

MULHER: Por isso troquei de carreira. Cuidando dos cães comecei a entender as pessoas. Acho que é doença. Peguei essa doença dos cães.

wester de castro

HOMEM: E pegou muitas pulgas também?
MULHER: Algumas no pulso, coçavam.
HOMEM: Pulgas no pulso...

(*A mulher coça o pulso. Breve pausa.*)

HOMEM (*certo de si, como se desvendasse os segredos dela*): Há mentira na sua
fala assim como na sua idade...
MULHER: Talvez haja.
HOMEM (*chamando a atenção da mulher*): Escuta...

(*Breve pausa.*)

MULHER: Escuto.
HOMEM (*mudando de assunto ao mesmo tempo que vai além*): Por que não me
oferece um café?
MULHER: Você aceitaria?
HOMEM: E por que não?
MULHER: Não é na sala que se toma café?
HOMEM: É.
MULHER: Dizem que minha sala não é nenhuma sacristia.
HOMEM (*numa última intimação*): Eu só quero tomar do seu café...

(*Neste exato momento, em outro canto da cena, um prato com biscoitos do tipo Maria
é iluminado, são iluminados também um bule, xícaras e pires.*)

Cena 4:
O Tempo de um Café

*Apesar de estarem na sala, o lugar vai, aos poucos, tomando ares de um quarto para o
sexo. O* HOMEM *e a* MULHER *não estão de fato transando, com os corpos nus e penetração,
mas o jogo que estabelecem nesta cena é evidentemente alimentado por uma relação
sexual, como se sempre estivessem na cama um descobrindo o outro, dando e recebendo
prazer. Medo e gozo estão sempre juntos no desconhecido de suas intimidades. Na cama,
as inteligências são postas à prova e isso assegura que o clima não seja enjoativamente
doce como nos romances comuns.*

MULHER: Você se importa se eu fechar a janela?

102   fodo

HOMEM: Não.

MULHER: Todas?

HOMEM: Não.

MULHER: Mas você entende o que quero dizer com "fechar as janelas"?

HOMEM: Todas?

MULHER: É.

HOMEM (*sabe, mas deixa que ela explique*): Não, não entendo.

MULHER: Você entende isso da mulher querer, mas não querer ver?

HOMEM (*certa malícia*): Ah, no escuro?!

MULHER: Sim, aí no meio de tudo você pode perguntar: "quem é essa?" E eu respondo qualquer absurdo.

HOMEM: Como se fosse uma outra?

MULHER (*o parabenizando*): Você entendeu tudo agora.

HOMEM: E se eu quiser você?

(*A mulher tem um tom sóbrio, é extremamente certa, confiante do que está dizendo. Lúcida e quase fria, verdadeira e sincera, mas quase fria. Sem exageros. Ela se dirige ao prato com biscoitos, pega um e come tranquilamente como quem come a hóstia nos sermões; enquanto fala, vai desabotoando a blusa.*)

MULHER: É bem provável que eu seja sempre outra na cama. E não se assuste se no meio do coito eu te der outro nome.

HOMEM (*esperando, talvez, que ela caia em alguma contradição*): Fala mais.

MULHER: Amanhã eu não lhe diria essas coisas que vou dizer agora. É por isso que algumas coisas devem ser ditas na hora. Amanhã, talvez, não fizesse o menor sentido. Escuta...

HOMEM: Estou ouvindo.

MULHER: Eu senti desejo por você, dos mais santos aos mais putos. Vontade do seu corpo. De comer e ser comida. E se eu não te trouxesse aqui pra dentro da minha sala, nesta casa, eu iria me tocar pensando em você. (*Limpa os farelos dos dedos.*) Qual é mesmo o nome disso? (*Como se quisesse ouvir a palavra "masturbação", mas ouve outra coisa.*)

HOMEM: Egoísmo!

MULHER (*ainda muito lúcida, quase fria, sincera e sem exageros*): Você quase me convence... (*Retoma o desejo da masturbação.*) Eu vou me tocar pensando em você. Vou imaginar histórias pervertidas como as dos grandes generais na ronda noturna. E

wester de castro

no momento eu vou gozar um gozo de muitas janelas escancaradas. Invejosas serão minhas vizinhas. Vou gozar imaginando o seu toque e gozar ainda mais imaginando o seu gozo no meu peito. O leite. (*Pausa.*) E o café está pronto.

HOMEM (*interessado, adiando a ida pro café*): Fala mais...

MULHER: Fico em desespero diante dos jogos de conquista. Isso me desespera. Vou incisiva. E perco em todos, faço questão de perder e apanhar. Qual é mesmo o nome disso? (*Como quem quisesse ouvir a palavra masoquismo, e ouve.*)

HOMEM: Masoquismo?!

(*A mulher mantém o mesmo tom sóbrio do início, não há exagero algum.*)

MULHER: Eu faço o que você quiser.

HOMEM (*certo do que quer, pede sem ser vulgar*): Abre as pernas.

MULHER: As pernas devem estar abertas. Os lençóis devem estar limpos. É assim que deve ser.

HOMEM: Eu fechei as janelas, agora você abre as pernas.

MULHER: E foda-se?

HOMEM (*concorda sem pensar*): E foda-se. (*Refletindo sobre o que disse.*) E foda-se o quê?

MULHER: E foda-se se eu me arrepender. Se as duas e meia da manhã eu levantar tomada de revolta e arrependida, lavar os meios, cuspir de nojo e como flagelação pensar "eu traí meu outro homem, pois não é a cama uma espécie de altar?"

HOMEM: Para os que amam...

MULHER: Desejo é diferente de amor?

HOMEM: Você fala demais, fala e faz pouco.

MULHER: Mas você não pediu histórias pra te dar ânimo?!

HOMEM (*um pouco maldoso*): Eu só queria tomar um café.

MULHER: Vamos começar então, as janelas estão mesmo fechadas?

HOMEM: Todas.

MULHER: Não quero assustar as crianças. Pedófila não. Incestuosa, talvez. Começando: sou sacana e te chupo todo. Me chupo pensando em você. Enfio os dedos na boca, no meio das pernas. Meto. Meter agora, depois nunca mais.

HOMEM (*ameaçando sem muita veracidade*): Quer que eu vá embora?

MULHER: Fica, mas aceite que eu faça tudo de olhos fechados.

104   fodo

(*Olha para ele durante um breve tempo em silêncio. Já está sem a blusa, os seios estão à mostra. Ainda lúcida e serena, a* MULHER *fecha os olhos e resolve pedir. Assim como o* HOMEM, *ela certa do que quer pede sem ser vulgar.*)

MULHER: Fode comigo? Por favor, fode?!

HOMEM (*absorto agora diante da mulher e suas atitudes*): Acho que eu não posso mais.

MULHER: E por quê?

(*Estabelecem um jogo de diálogos rápidos.*)

HOMEM: Não posso tomar o que não poderei devolver, caso queira.

MULHER: Não recuse o que lhe é doado.

HOMEM: Assim você parece uma santa. Não posso. Vai prum convento, vai.

MULHER: Prefiro outro lugar.

HOMEM: Se prefere, vai, vai prum bordel.

MULHER: Você vai me foder lá?

HOMEM: Já não sei mais por que eu vim.

MULHER (*um pouco mais desejosa, mas ainda sem exagero*): Fode comigo? Por favor. Pode até ser rápido.

HOMEM (*sem apelar*): Eu já disse que não posso.

MULHER: Não pode ou não quer?

HOMEM (*direto*): Vista a roupa então.

MULHER (*ignorando o fato de estar com os seios à mostra*): Eu estou vestida.

HOMEM (*um pouco mais categórico*): Veste, estou pedindo. E senta.

MULHER (*obedecendo, se senta*): Assim? (*Ela ainda está sem a blusa.*)

HOMEM (*um pouco fraterno*): Agora veste a roupa… Você parece uma menina desse jeito.

(*Desacelerando o diálogo.*)

MULHER (*num sorriso doce e em um quase imperceptível delírio*): Fraterno não, por favor. Fraterno não. Eu já estou vestida. (*Ainda ignorando a nudez dos seios.*) Quer que eu te chame de pai? Por que você não me pega? Vem passando os dedos pelas minhas coxas, na minha virilha. Nos meus seios. Sessenta anos e meus seios ainda não caíram. É estranho até. Encosta sua boca. Sua boca deve ser macia, acompanhando suas ideias.

wester de castro

(*Não há sussurros.*)

HOMEM: Então deita.

MULHER (*obedecendo de forma sóbria*): Assim? Quer que eu solte os cabelos?

HOMEM: Abre as pernas.

MULHER: Você finge que não quer, mas só finge.

HOMEM: Faz silêncio. Shiiiiiiiiiii.

MULHER: Para de pedir. (*Ela pede.*) Me toca.

(*Ele a toca.*)

MULHER: Sentiu?

HOMEM: Senti.

MULHER: O quê?

HOMEM (*constatando, ele agora também chega a parecer frio, mas há muito envolvimento entre os dois*): Está toda molhada.

MULHER: Aproveita, me agrada. Toma, passa a língua. Tira. (*De olhos fechados pensa em si como quando olhamos pro espelho.*) Não... Meu corpo não é tão feio assim. (*Sem querer resposta.*) É? Tira minha roupa...

HOMEM (*falando um pouco mais alto*): Você não está vestida.

MULHER (*ainda bem sóbria*): Feche os olhos também (*breve pausa*) e me diz uma putaria. Diz uma putaria qualquer, aqui, no meu ouvido.

HOMEM: Qualquer?

MULHER: Só uma, uma indecência qualquer.

(*Ele se aproxima do ouvido dela e diz. Somente ela escuta. Passa-se um tempo em silêncio. Ela começa a tatear, passa os dedos nele. Ela continua a tocá-lo. Agora ela enfia os dedos dela na boca dele. Ele simplesmente permite. Não faz nada além disso. Passam um tempo assim. Ela com os seus dedos dentro da boca dele. Então ela diz.*)

MULHER: Estou na sua boca.

HOMEM (*responde, com a boca cheia de dedos*): Está.

MULHER: Então por que não me come?

(*Desfaz. Volta ao estado de muita sobriedade do início da cena, quase fria, desejosa, mas quase fria. Então ela pede mais uma vez.*)

MULHER: Por favor, me fode?!

HOMEM: Eu já estou te fodendo.

106 fodo

MULHER: Que nunca mais vamos meter.
HOMEM: Nunca mais?
MULHER: É meter que se fala, não é?!
HOMEM: É, é meter... Mas nunca mais?
MULHER: Nunca. Nunca.

(*Luz no bule, nas xícaras e nos biscoitos Maria.*)

MULHER: O café...

(*Neste exato momento o sino da igreja toca. Toca insistentemente. A* MULHER, *como um cachorro com medo de trovão, corre, se refugia num dos cantos da casa. Ali ela se mostra e se esconde. Ela tapa o rosto com as mãos como se essa máscara assim afastasse o medo. O medo do cão pelo trovão. O sino toca.*)

Cena 5:
A Escada

MULHER (*afugentada, medrosa*): O sino, o sino, Homem!
HOMEM (*tentando ajudá-la, sem saber como fazer*): O que foi? Fala.
MULHER: O sino avisa.
HOMEM (*num pensamento de lógica*): A missa!
MULHER: O sino avisa a presença de três coisas.
HOMEM: Deixa...
MULHER: O sino sempre avisa: 1. o café está pronto. O sino sempre avisa: 2. é hora de medir Deus. O Sino sempre avisa: 3. as criancinhas, as pobres criancinhas estão saindo da escola.
HOMEM: São coincidências, não enxerga?
MULHER: Então vem, fica aqui comigo. Daqui desse canto vemos as crianças passar pela rua.
HOMEM (*querendo voltar à cena anterior*): Vamos beber do café...
MULHER (*elétrica*): O café esfriou. Já lhe disse, o sino avisa: o café esfriou. Não há coincidências, há uma lógica. Sobrenatural, talvez, mas há lógica nisso tudo. (*Fala como que descrevendo a lógica.*) Deus tira nossa atenção, esquecemos das outras coisas, daí o café esfria. Entende? Enquanto isso as portas do inferno são abertas. As crianças saem todas correndo. É lógica!

HOMEM (*reparando nela com outros olhos, sem embarcar no desespero dela*): Já lhe
disseram que você é interessante? Que esse devaneio até
lhe deixa engraçada. (*Avaliando.*) Mas os gritos não.

MULHER: O que tem os meus gritos?

HOMEM: Eles assustam as crianças. Veja. (*Abrindo as janelas.*) Elas todas
do lado de fora, espantadas. Olhando pra sua cara de pavor.
Você parece um cão temeroso. Um cão que teme o trovão.

MULHER (*com sabedoria*): E ele não te dá medo? E essas crianças todas,
elas não te dão medo? Peça o caderno de uma delas, de
uma delas apenas. Peça, folheie e me diz se não dá medo.
E o café, o café esfriou. Sou repetitiva sim. O café esfriou
e nenhum medo passa com o café frio. (*Breve pausa, olhando
bem para ele.*) Mas você não acredita nessas coisas, não é?

HOMEM: Eu acredito, mas não entendo.

MULHER (*como a antiga policial civil que era*): E não é esse o sentido de ser
homem? Não devia ser? Acreditar sem compreender. Os
animais, os cães só acreditam no que compreendem? Não!
Há uma beleza na ignorância, no atrevimento. Deus? Deus
compreendeu tudo antes de acreditar?

HOMEM (*não se detém no discurso dela*): Vou passar outro café.

MULHER (*serena, buscando conseguir o que quer por outros meios*): Espera, me
escuta. Chame as crianças pra entrar. Elas precisam me
ouvir. Deus compreendeu tudo antes de acreditar? Não.
Senão não teria escrito essa história toda. Essa história
toda é obra de quem não compreendeu.

HOMEM (*com certo encantamento*): Veja as crianças. (*Falando para as* CRIANÇAS
do lado de fora.) Ei! O que vocês querem? O que querem?

CRIANÇAS: Não é aí que mora a Mulher que esconde o rosto com as
mãos e grita?

HOMEM (*para a* MULHER): Elas te adoram. (*Para as* CRIANÇAS.) É aqui sim.

CRIANÇAS: Diga a ela que hoje nossos cadernos não estão pautados
e há até desenhos incompreensíveis. Desenhamos a cara
dela. (*Riem.*)

HOMEM: Entrem pra mostrar os desenhos!

CRIANÇAS: Nossas mães não deixam. Não podemos conversar com
estranhos.

108   fodo

MULHER (*tentando retirar o* HOMEM *da sedução pelas* CRIANÇAS): Viu, entende
agora? Entende? As mães não deixam as crianças conver-
sarem com estranhos. Onde está Deus nisso tudo? Com
Deus se pode conversar. Não ouviu o sino?! Com Deus se
pode e Deus não é estranho?

HOMEM: As crianças, elas te adoram!

MULHER: Peça um dos cadernos, um só que seja.

HOMEM (*para as* CRIANÇAS): Algum de vocês pode mostrar o caderno?
Ela quer ver.

CRIANÇAS: Mas onde ela está? Queremos vê-la também. Aparece!
Aparece na janela!

HOMEM (*para a* MULHER): Ouviu? Elas não têm medo. Querem te ver.
Vem aqui na janela, elas querem te ver!!!

MULHER: É sempre assim. Elas pedem e, quando eu apareço, correm. Cospem em mim. E me chamam de porca. Eu não
minto.

(*A* MULHER *se dirige à janela. Esconde novamente o rosto com as mãos, medo das*
CRIANÇAS *agora.*)

CRIANÇAS (*numa euforia perversa*): Olha, olha a cara dela. Esconde a cara
porque é feia. Olha a cara dessa Porca! (*Jogam bolinhas de
papel.*) Olha! Olha, parece uma Porca!

MULHER: Não te disse. (*Volta pro canto onde estava.*) Antes havia um muro
alto. Mandei derrubar e pus essa cerca. Antes as crianças
não me viam, nem eu via as crianças. O barulho do sino
incomodava menos. A culpa é minha por ter derrubado
o muro.

CRIANÇAS (*jogando mais algumas bolinhas de papel*): Porca! Porca cadela. Louca
de pedra. (*Cantando em frenesi.*) Filha do capeta! Filha do
capeta! Filha do capeta!

MULHER (*lúcida*): Chega! (*Se aproximando novamente da janela, agora grita, assusta
as* CRIANÇAS, *enlouquece consciente da missão da loucura.*) Pois sou filha
do capeta mesmo. E diga à mãe de vocês que nessa casa
mora uma porca, uma porca que seja. Uma porca louca
que conversa com Deus. Uma porca que entende das gentes
como um cão. (*Grita ainda mais, assustando as* CRIANÇAS *que saem
em disparada.*) Nessa casa mora um cão! Um cão, ouviram?

wester de castro

HOMEM: Acalma...

MULHER (*saindo bruscamente do tom da loucura*): Eu estou calma.

HOMEM: Vão voltar...

MULHER: Sempre voltam.

HOMEM (*um pouco pensativo*): Isso não é sério, é? Isso de ser porca, de ser cão.

MULHER: Ah... Se você soubesse da vontade que tenho de ficar aqui nesse canto e não sair mais.

HOMEM: Você tem que medir seu temperamento. A vizinhança não vai te entender assim. Sabe aquela balela toda? "É preciso ter um bom relacionamento com os vizinhos, a qualquer momento pode se precisar de um deles." E tal e tal...

MULHER: Veja! (*Pegando uma das bolinhas de papel que estão pela sala.*) Veja! (*Desembolando uma das bolinhas e vendo o que está na folha.*) Eles desenharam minha cara. (*Na folha há um estranho desenho de uma cara de mulher meio gente, meio porca.*) Sou eu, não sou? Sou eu mesma, eu sou assim. Sou essa porca que fica focinhando. (*Comentando o desenho.*) Não ficou de todo ruim. Veja! (*Pegando outra bolinha e desamassando.*) Veja! Sou eu também, com esses chifres e esse rabo. E essa língua deste tamanho. Essa língua é minha. Eu sou assim.

HOMEM: As crianças te adoram!

MULHER: Elas sabem mais do que eu pensava. Eu estava errada. Não são tão ignorantes. Há até esperança nesses desenhos. Veja!

HOMEM: Pare com isso. Não vai te fazer bem.

MULHER: Veja, veja esse, (*desembolando uma terceira bolinha de papel*) não é aqui que está escrito, da aula de Ensino Religioso, o Pai Nosso todinho?! Não é aqui que está escrito, aqui no canto, bem no canto, (*mostrando a folha pra ele*) quase não dá pra ler.

HOMEM: Quase não dá.

MULHER: Está escrito: "O homem veio do pó." Veja o que ensinam para as criancinhas. "O Homem veio do pó." Viu? Você veio do pó, eu vim do pó. Todos. Do pó, por isso a alma é da terra, há lógica, não te disse?! Nossa alma é hóspede da terra, do pó. Bonito, não?! Tudo barro. Tudo junto é

110   fodo

um barro. E Deus? Deus pôs o dedo onde nesse barro?
Ele sujou a mão???

(*Alguém bate palmas do lado de fora, lá do portão de ferro. Com as palmas, o espaço
todo se ilumina. A luz revela o lugar como ele é. Sem efeitos. São iluminados inclusive
a plateia, os urdimentos, a maquinaria em geral.*)

Cena 6: A Visita

A VISITA *chega como o circo chega nas pequenas cidades, de forma inesperada e estranha.
Traz consigo uma mala e tem a aparência de uma mulher comum e decidida. Veio e,
como todo circo, sabe que quando for embora levará algo consigo.*

HOMEM: Estão chamando.

(*Barulhos de palmas novamente.*)

HOMEM: Faço o quê?
MULHER (*transferindo para ele a atitude*): Faça o que quiser!

(O HOMEM *resolve atender.*)

HOMEM: Oi?
VISITA (*mostrando uma folha de jornal*): Estou procurando a Mulher que
           escreve estes textos. Soube que mora aqui.
HOMEM: Se disseram...
VISITA: Ela está me esperando.
HOMEM (*olhando na direção da* MULHER): Mas acho que não é uma boa hora.
VISITA (*num investimento*): Trouxe o que me pediu.
MULHER (*aparecendo na porta*): Você quer falar comigo?
VISITA: Sim. Já faz um tempo...
MULHER (*com uma hostilidade provocadora*): E nesse tempo todo não te
           ensinaram que visitas costumam se anunciar antes de vir?
VISITA: Minha senhora, eu te pergunto: o circo avisa que vai
           entrar na cidade antes de entrar? Não! Ele chega, levanta
           a lona e ainda que os cachorros comecem a latir ele fica.
           Só então, depois de alojado, ele se anuncia.

wester de castro

MULHER (num humor irônico): E onde está o seu elefante? Sua girafa? O
leão, o mágico???

VISITA (mostrando a pequena mala que traz consigo): Tudo o que eu preciso
está nesta mala.

MULHER (como que se lembrando do mais importante do circo): Ah... e o palhaço?
O palhaço não veio???

(Mostrando a mala.)

MULHER (reparando na mala): Olha que coincidência... a sua mala... eu
tenho uma igual, mas deve estar cheia de cupins.

VISITA: Esta mala também é sua.

MULHER: Não me lembro do seu nome...

VISITA: Então não se lembra... (Ajudando a resgatar da memória.) Sou
aquela que sobre suas palavras montou muitas peças.

MULHER (para o HOMEM, com o ânimo de quem decifrou o enigma): Olha, uma atriz!

VISITA: uma atriz de circo, talvez...

MULHER: Você disse que é atriz???

VISITA: Foi a senhora quem disse, mas não deixo de ser...

MULHER: E o que quer comigo?

VISITA (tratando a MULHER com certa intimidade): Não se faça de esquecida...
Você me chamou e eu vim. É um desejo antigo até.

MULHER: Sabe dos meus desejos?

VISITA: Sei que escreve estes textos. (Mostrando o jornal.)

MULHER: E o que mais?

VISITA: Que quando se recolhe nos cantos da casa chama por
Deus e que chamando Deus evoca outras presenças.

MULHER: Você também escreve?

VISITA: Não.

MULHER (como se quisesse protelar alguma coisa): Suas palavras ainda não me
convencem de que é quem diz ser. Atriz...?

VISITA: Não pretendo ir embora.

MULHER (irônica): Um circo que fica?... Nunca vi assim. (Para o homem,
apontando a VISITA): Ouviu isso?

VISITA: Um circo que fica até conseguir o que veio buscar...
Depois vai embora, mas vai levando.

MULHER (dispensando a VISITA): Se é só isso... se só quer me dar a mala,
pode me dar.

112   fodo

(*Pausa, se olham. A* VISITA *não entrega a mala.*)

MULHER: Vamos! Me dá! E depois vai, vai embora.

HOMEM (*tentando desviar a tensão entre ambas, mostra a lua*): A lua!

MULHER: A lua esta semana está inspiradora... (*Para a* VISITA) Você
               bem que podia fazer uma cena... (*Num humor sarcástico.*)
               Finja que sou uma Rainha, do tipo Rainha Elizabeth, que
               adora teatro, mas que quase nunca vai. E se vê algo que
               não gosta... decepa a cabeça.

HOMEM (*procurando participar da conversa*): Quer me dar a mala?

MULHER: Uma cena, pode ser rápida até.

VISITA (*para a* MULHER): Não que eu seja a favor de certos rodeios, mas
               posso improvisar alguma coisa. Drama ou comédia?

MULHER: Que pergunta difícil. Você tem algum nome, minha filha?

VISITA: Deixa eu pensar... Sendo atriz, pode me chamar de Helene.

MULHER (*segue em seu pensamento*): Que pergunta difícil, minha filha.
               (*Refletindo sobre a questão.*) Drama ou comédia???...

VISITA: Não gosta de Helene? Que nome prefere?

MULHER (*ainda sem ouvir a visita*): Deixa EU pensar agora... (*Decide.*)
               Drama. Drama.

VISITA: Certo.

MULHER: Não, não. Não é uma boa ideia. Comédia! Vamos de comé-
               dia. (*Mudando de ideia.*) Não, não. Estou confusa. Confusa
               como a rainha Elizabeth. Não sei. Não sei... Já sei. Uma
               depois da outra. As duas. Ambas. (*Ironizando.*) Ambiciosa
               como a rainha Elizabeth.

HOMEM (*ainda querendo participar do assunto mesmo sabendo que é inevitável ficar
               fora dele*): Perfeito! Duas cenas darão o tempo certo de a
               lua ficar ainda maior.

VISITA: Primeiro o drama. Depois a comédia: lembranças dos
               risos na vida. Depois a lua: grande ponto final. Haverá
               aplausos na nossa despedida.

MULHER: As comédias geram os frutos que os dramas consolidam...

VISITA (*se referindo à cena que fará*): Posso começar?

MULHER: É só um detalhe. (*Animada.*) Vamos! Comece logo. A hora é sua!

(*A* VISITA *começa a improvisar uma cena. Deita-se no chão e leva as mãos ao peito
como se estivesse morta e começa a encenar o seguinte texto.*)

wester de castro

VISITA: "A morte vem pra todos. Por isso não faça essa cara no meu velório..."

MULHER (interrompendo): Chega. Vamos mudar de assunto. Outra coisa. Outra, diferente.

HOMEM (procurando desviar a atenção de ambas apontando o céu mais uma vez): A lua já está nascendo!

VISITA (para a MULHER): Agora é sua vez.

MULHER: Mas eu faço o quê?

(A luz, que até o momento iluminava todo o espaço, vai caindo e criando um ambiente menos aberto, voltando à intimidade do lar com sua lâmpada incandescente.)

VISITA (abrindo a mala, retira de dentro dela uma estranha máscara, algo parecido com um dos desenhos das crianças. É uma máscara que mistura as feições de uma mulher com um porco, tem focinho e dentes afiados e estufados): Toma! (Passando a máscara e a folha de jornal que trazia quando chegou.)

MULHER (pegando e mostrando para o HOMEM a máscara com certo encantamento): Olha...

VISITA: Usa!

MULHER: Agora?

VISITA: Sim, agora.

HOMEM (entendendo todo o símbolo e desejando o mesmo destino): E a minha?

VISITA: A sua não está pronta. (Para a MULHER, insistindo.) Vamos!?

MULHER (olhando para o homem): E seu eu não quiser?

VISITA: Eu fiz a cena, agora a senhora usa a máscara... (Falando por ela.) A senhora quer... quer sim que eu sei.

MULHER: Eu tenho dúvida, é uma linda máscara... mas o problema não é a máscara que é mesmo bonita. E eu nunca tive medo, não esse medo, medo de palhaço eu nunca tive. Tinha dó até, dó dele, dó da formiga, da pulga, da girafa. Onde está a girafa que você falou? Imagina ser girafa e ver tudo do alto.

VISITA (mostrando a sua própria nuca e falando numa tom fantástico): Monta, monta aqui na minha nuca.

MULHER (embarcando na fantasia): Ah... o cavalo, o domador!

VISITA (como domador): Agora!

MULHER: Sou pesada.

VISITA: Sei do seu peso e sou boa montaria.

114   fodo

MULHER: Se sabe tanto, responde as minhas dúvidas e me alivia do
            cansaço da viagem. É calmo? Há luz? É breu? Há mesmo um
            Deus que autoriza, que vê e autoriza? Tem rosto? Tem pata?
VISITA (*se inclinando*): Monta, estou dobrada.
HOMEM (*intervém*): Nos dê mais um tempo.
VISITA: De quanto tempo precisam?
MULHER: Dez anos talvez.
VISITA (*em sua lógica*): Dez anos pra mim é agora.
MULHER (*procurando ganhar tempo*): Então me dá sessenta anos.
VISITA: Outros sessenta eu não posso.
HOMEM: Nos dê o tempo de um café…

(*Pausa.*)

VISITA (*concordando, com certa simpatia*): De um café e mais nada. (*A* VISITA
            sai em direção ao quarto.)

(*A* MULHER *ainda está segurando a máscara-focinheira e a folha de jornal. Então começa
a lê-lo. Somente ela sabe o que está escrito no jornal. Ao final da leitura, amassa a folha
fazendo uma nova bolinha de papel e deixa cair no chão. Logo, ela olha pra o* HOMEM
como quem tivesse compreendido tudo e diz.)

MULHER: Eu preciso mesmo ir.
HOMEM: E ponto?!
MULHER (*se referindo à* VISITA): Ela veio porque eu pedi… eu quis. Insistia
            toda noite… Vem, vem dobrada e mansa!

(*O* HOMEM *pega a máscara e olha com toda atenção. Reflete e vê que aquela máscara
não é mesmo sua. Devolve. A* MULHER *começa a levar a máscara ao rosto, mas ele a
interrompe.*)

HOMEM: Espera!!!
MULHER (*recuando*): O quê?
HOMEM: Vamos ver a lua.
MULHER: Mil luas já se passaram…
HOMEM: Que tempo é esse…?
MULHER: É o tempo de assumir a máscara. Esse rosto já não é meu
            nem é minha aquela outra Grande Face. (*Para o* HOMEM.)
            Eu até te sei e estou certa que suas dúvidas alimentaram
            minha existência e que muitas coisas podiam ser menores

wester de castro

do que minha medida dava, mas em cada gole que bebia havia a sede de outra vida.

HOMEM: Você quer beber?

MULHER (*amável*): Você e essas perguntas...

HOMEM: Um último gole pra despedida. Assim você tem tempo de me responder.

MULHER: Pergunta... Não é essa a ordem?

Cena 7:
O Fim

O HOMEM *vai falando e vai se transformando no que era no início da peça. Tem novamente pelos saindo das orelhas, símbolo da idade.*

HOMEM (*numa série de perguntas*): É verdade que as unhas das mãos crescem mais rápido que as dos pés? E é verdade que na velhice o nariz não para de crescer? E as orelhas também não param. As orelhas continuam crescendo? E há pelos saindo dos buracos. Escuta?! Me escuta?! É verdade que o cabelo é a última coisa que apodrece? É por isso... (*É interrompido.*)

MULHER (*confirmando*): É por isso sim.

HOMEM: Então é por isso que naquela imagem que temos Dele os cabelos são longos? É pra sempre ter vestígio? Vestígio da Sua presença.

MULHER: Isso é Deus.

HOMEM: "E onde está Deus?". Não é essa a sua pergunta?

MULHER: Eu já tenho a resposta. Deus está deitado.

HOMEM: E por que você não se deita também, aqui do meu lado?

MULHER: Você quer meter de novo? É isso?

HOMEM: A gente precisa foder, Mulher.

MULHER: Você ainda me quer?

HOMEM: Amei alguém que se parecia tanto com você...

MULHER: Meu corpo está todo enrugado. As veias saltadas. As rugas como valas entupidas de sujeira. E os cabelos brancos...

HOMEM: Me dá sua mão. (*Ela lhe dá a mão.*) Aperta.

MULHER: O quê?

116   fodo

HOMEM: Lembra que você me disse que um dia íamos fazer de novo?
MULHER: Eu prometi?
HOMEM: Sim.
MULHER: Você quer mesmo meter?
HOMEM (*uma resposta lúcida*): Sim, e depois de te comer pensei que pode-
         ríamos comer outras coisas. Um sanduíche com geleia.
         Morangos. Um flambado e licor.
MULHER: Pé de porco a gente come, não come?
HOMEM: Come.
MULHER: A gente mata os bichos pra comer. Depois vira merda.
HOMEM: Fode comigo, fode?
MULHER: Fodo! É fodo que se fala?
HOMEM: Sim, é fodo.
MULHER: Então fode comigo que eu fodo contigo.
HOMEM: Vamos mesmo foder?
MULHER (*estampando uma alegria derradeira*): Sim, e hoje não vamos fechar
         as janelas, hoje eu não vou tampar a cara.
HOMEM (*com bom humor*): Hoje podemos soltar os cães.
MULHER: Todos?
HOMEM: Todos.
MULHER: Eu sei o nome de todos os meus CEM cães. (*A* MULHER *começa
         a falar o nome dos cem cães, enquanto chora e sorri de forma mista e
         bonita. Ela e o homem transam pela última vez.*)
         Li, Thomas, Lori, Ana, Tol, Ué, Carlim, Pisquila, Alzira, Duca,
         Bisteca, Itamar, Fujão, Dengo, Lua, Luna, Apolo, Nikos,
         Polônio, Duda, Peu, Greco, Trovão e Trova, Caco, Massao,
         Sol, Jó, Olga, Verdugo, Dê, Preto, Filó, Tostão, Batata, Irmã
         Silene, Feijão, Lara, Jabuti, Camiri, Karl, Jacob, Rosa, Bedê,
         Éder, Zilda, Dante, Maria, Rútilo, Zeus, Eulálio, Kaio, Pau-
         lão, Ehud, Hillé, Asmodeu, Bravo, Finim, Nica, Bah, Mini,
         Gim, Bela, Senhorinha, Mora, Fufem, Tisco, Rato, Floema,
         Ceguim e Sem Rabo, Agda (*pausa, sentindo muito prazer*) (*repe-
         tindo*) ah, Agda, Pintado, Alemão, Bol, Valency, Fuccia, Cris,
         Tanaka, Flor, Serrote, Van, Bezerro e Chorão, Pelado, Jaú,
         Betão, Chico. (*Breve pausa, vão gozar.*) E todos os doze signos...

(*Gozam, olham pro teto. Pensam seus mundos.*)

wester de castro

Cena 8:
Autopsia.

MULHER: E depois do gozo?

HOMEM: Olha, está mais viscosa e seu cheiro é diferente.

MULHER: Se olha você. Se olha pra dentro. Faz isso.

HOMEM: Faço.

MULHER: Então olha agora.

HOMEM (*fecha os olhos*): Estou olhando.

MULHER: Como o microscópio.

HOMEM: Estou enxergando.

MULHER: Onde você está agora?

HOMEM: Estou olhando dentro da barriga.

MULHER: E o que tá vendo?

HOMEM: Um emaranhado. Um labirinto de tripas. Vou me perder.

MULHER: Não se preocupe, há uma saída.

HOMEM: Não quero mais. (*Abre os olhos.*)

MULHER: Não, olha dentro do pulmão.

HOMEM (*fecha os olhos novamente*): Vou subir. (*Caminha pelo próprio corpo.*)

MULHER: Olha.

HOMEM: Estou olhando. Agora estou vendo o pulmão.

MULHER: Vê essa coisa entrando e saindo?

HOMEM: O ar.

MULHER: É, o ar.

HOMEM: Posso ir pro coração?

MULHER: Pode.

HOMEM (*fazendo o percurso*): Estou chegando ao coração. Cheguei!

MULHER: E o que você vê? Diz o que você vê no coração.

HOMEM: Nada, um escuro e som.

MULHER: E o que você ouve? Anda, fala.

HOMEM: Estou ouvindo.

MULHER: É o Tuuuuuuuummmm de Deus?

HOMEM: Não, é um tum tum tum tum.

MULHER: São vários deuses então.

(*Passa um tempo ouvindo o coração.*)

MULHER: E agora?

118 fodo

HOMEM: A pausa. O silêncio. O intervalo entre uma batida e outra. Um susto.

MULHER: É a morte?

HOMEM: É o medo de não bater de novo.

(*A* MULHER *retoma a máscara nas mãos e mostra ao* HOMEM.)

MULHER: Você teve medo?

HOMEM: Ainda não entendi.

MULHER: Algum dia...

HOMEM: São minhas dúvidas que te seguram aqui, você mesma disse. Entende por que fui o homem que não compreendia?

MULHER: A morte a gente entende. O medo não.

HOMEM (*constata*): Você está morrendo...

MULHER: Sim. As mãos já estão frias. As pontas dos dedos roxas. Um resto de saliva fedida no canto da boca. Mas não há uma luz me chamando. Não há. Nem trombetas, nem querubins. Há minha última urina molhando a saia gasta. Se lembra desta saia que você me deu?

HOMEM: Ela foi puída pelo sol. (*Constatando*.) Você está mesmo morrendo...

MULHER: Ele está rindo. Você pode sorrir também. Lembra: "Não faça essa cara no meu velório..."

HOMEM: E a casa, o que eu faço com ela?

MULHER: Dá-lhe um nome, tira o número. Desfaz, toma depois. Vai e volta. A casa permanece.

HOMEM: Você já fez as malas?

MULHER: Apenas aquela pequena.

(*A* VISITA *retorna trazendo a mala e a oferece à* MULHER.)

VISITA: Vamos? É hora de acompanhar o circo. (*Num certo sorriso*.) Vai montada?

MULHER: Não, vou atrás pra deixar pegadas...

(*A* VISITA *deixa a mala para a* MULHER *e sai. Breve pausa. A* MULHER *pega a mala, repara, toma pra si a mala como quem assume a despedida*.)

HOMEM: É agora?

MULHER: Lampeja uma vontade de dizer não.

wester de castro

HOMEM: Não o quê?
MULHER: Não vou resistir ao trocadilho.
HOMEM: Qual?
MULHER: Vou sair de cena.
HOMEM: E termina assim, sem muita escolha?
MULHER: Nascer não tem escolha.

(*Pausa. A última batida do coração.*)

HOMEM (*liberando*): Então vai.
MULHER: Mas morrer, a gente morre a hora que quer. (*Vai saindo com a mala numa mão e a máscara na outra. Aos poucos, o escuro toma a cena. Vamos ouvindo os grunhidos de uma porca.*)

Epílogo

O HOMEM *está pintando uma placa de* VENDE-SE *para colocar no portão da casa. À exceção do hífen, que será vermelho, todas as outras letras são pintadas de preto.*

HOMEM: E nesse tempo todo eu traía Deus. (*Pinta a sílaba* DE.) Eu me deitava com Sua mulher e nos ouvidos dela blasfemava coisas do tipo "isso não te leva à nada (*pinta o* N), nada. Esses porquês". Enquanto gozava ela pedia "me chama de Porca, chama" e eu repetia "Porca". E se ela sendo mulher, porca, seguia a lógica que Ele era o homem porco. E da relação dos dois nunca compreendi nada. (*pinta o* SE) Mas ver o vão dos degraus da escada onde ela se sentava me trouxe a certeza: ela estava morta. (*pinta o* VE) Eu tive certeza e era vital ter permanecido na ignorância, na dor de sentir a sua morte. Eu tive a sobriedade de entender que nesse tempo todo quem estava morto era eu. O Homem. (*Pinta o hífen e coloca a placa no portão da casa, abrindo-o para que a plateia saía.*)

FIM.

Para poder morrer
Guardo insultos e agulhas
Entre as sedas do luto.

Para poder morrer
Desarmo as armadilhas
Me estendo entre as paredes
Derruídas.

Para poder morrer
Visto as cambraias
E apascento os olhos
Para novas vidas.
Para poder morrer apetecida
Me cubro de promessas
Da memória.

Porque assim é preciso
Pra que tu vivas.

Hilda Hilst

Wester de Castro é graduado em Licenciatura e Bacharelado no curso de Teatro da Universidade Federal de Minas Gerais. Ao lado da Asterisco Cia de Teatro já trabalhou como ator, diretor e dramaturgo em diversos espetáculos, cenas curtas e intervenções urbanas. Em 2010 dirigiu a peça *A Casa do Sol*, com a qual obteve reconhecimento da crítica e do público. Também criou e encenou o espetáculo *Roleta Russa*, com referência na obra e vida de Bertold Brecht sobre o qual publicou artigo. Em Belo Horizonte tem exposto seus textos através de leituras dramáticas promovidas em diversos espaços culturais. Desde 2011 leciona teatro para alunos do ensino fundamental na rede de ensino pública.

Get
Out! [1]

Assis Benevenuto

Peça para um ator.

Para aquela criança.
E para todas as outras.

1. *Get Out!* foi escrita no final de 2012 para o projeto Janela de Dramaturgia. O solo estreou em 2013 com atuação e direção do próprio autor. A peça integra o repertório do seu grupo, Quatroloscinco Teatro do Comum.

Ator (*enquanto o público entra no teatro*): Se estivéssemos num teatro convencional, agora seria o primeiro sinal, as cortinas estariam fechadas, as pessoas entrando e a luz da plateia acesa. (*Tempo.*) Agora seria o segundo sinal, mais ou menos a metade das pessoas já estariam sentadas, alguns desligando os seus celulares, a luz da plateia iria abaixar um pouco. E vocês continuariam conversando. Pode conversar, ainda não começamos. (*Tempo.*) Terceiro sinal, se estivéssemos num teatro convencional, agora as luzes da plateia iriam se apagar, a produtora iria dar um ok (*A produtora grita um* OK.), as cortinas do teatro iriam se abrir e um foco de luz iluminaria aqui, nesta parte do cenário. (*Luz.*) Não, agora não, deixa eu terminar de falar tudo, aí você volta e fazemos na sequência... (*O ator conversa com o iluminador. Volta a luz.*) As cortinas do teatro iriam se abrir e um foco de luz iluminaria aqui, nesta parte do cenário e vocês ficariam esperando. E então o ator vai entrar e começar a peça.

(*Sai. Tempo de algum spot que, geral e inconvenientemente, é preciso ser ouvido no teatro convencional. Volta.*)

ATOR (*diz uma data, quatro dias antes da apresentação*): xx de xx de 20xx

124   get out!

(Pega um instrumento musical e tenta tocar.)

> Down, down, up, down, up, down, down, up, down, up, down, down...

(Larga o instrumento e pega um cigarro.)

> Estou tentando parar de fumar. Tem morrido muita gente... gente conhecida... e desconhecida também. A humanidade já morreu tantas vezes e, no entanto, olha a quantidade de gente aqui, e viva! Vocês estão vivos, certo? A bruxa sempre esteve solta... Só que agora ela não está voando de vassoura não, tá vindo de avião.

(No microfone.)

> Voo 7344 com destino a Paris,... Voo JL 23 com destino a Istambul, atenção Voo 856 cancelado... Alguém aqui já parou pra pensar nos aeroportos? É Duty Free, lanchonete, plástico para embalar as malas, polícia, filas enormes, gente reclamando, uniformes... Eu, quando estou em algum aeroporto, sinto um misto de soberba e insegurança. Tenho a impressão de que estou perdendo os meus documentos a todo instante. Olho os bolsos a cada minuto, confiro a identidade. Sei que estou sendo roubado toda vez que compro um café a 5 reais, um refrigerante a 6, 7 reais, um pãozinho a 12 reais e não posso fazer nada. Percebo que todas as pessoas mudam suas atitudes... Aquele carrinho de colocar as malas, aquilo traz um ar de superioridade. Eu fico tenso. A qualquer momento podem pedir meu RG, meu passaporte. Quando passo pela polícia federal, na hora que eles vão conferir meus dados... suo frio. Tenho medo de brotar de dentro da minha mochila uma faca, ou mesmo o cortador de unhas imbecil que me leve ao desconhecido. Entramos nas lojas, eu entro. Compramos coisas, eu compro. Fingimos ler livros no saguão. Tudo para espantar o medo, o absurdo que é entrar numa caixa de lata e flutuar. O transporte mais seguro tem as suas falhas.

assis benevenuto

Eu me assento. A cadeira está na vertical, o cinto, afivelado, a mesinha à frente, trancada, as luzes da cabine estão baixas, o avião decola. Uma criança ao meu lado diz à sua mãe: "Mamãe o avião vai caiiiiiiiiiiiir."

Vai cair! Pronto, penso, criança é sensitiva. Vai cair, vai cair. Mas, nada. Estou aqui. Parece estar tudo sob controle. Parece.

(*Ao microfone.*)

Voo AB 1609. Embarque imediato. *Get Out! Get Out!*...

(*Retorna.*)

xx de xx de 20xx. (*Três dias antes da apresentação*)

(*Pega seu instrumento musical e toca.*)

Down, down, up, down, down... Baixo, cima, cima, baixo, baixo...

As coisas estão organizadas. Elas parecem estar organizadas. As pessoas estão organizadas, estamos aqui, ó. A cidade está organizada em um instante apenas. Em nós simultâneos, concomitantes. O que está acontecendo? Alguém aqui consegue me dizer o que se passa neste exato momento do agora? Não...

Eu me assento. A cadeira está na vertical. Eu tiro um cigarro, apagado, coloco na boca. Imediatamente a mocinha da lanchonete vem até a mim e diz: "Senhor, não é permitido fumar na lanchonete do aeroporto." Mas eu não estava fumando.

Eu me assento. A cadeira está na vertical, o cinto afivelado, a mesinha continua trancada, as luzes da cabine aumentaram, o avião já decolou, a criança ao meu lado está dormindo. Uma ansiedade vem me consumindo. Eu tiro um cigarro, apagado, coloco na boca para me acalmar. Imediatamente os comissários de bordo começam a correr pelo avião, as mães pegam os filhos no colo, os pais gritam "você vai derrubar esse avião, não é permitido fumar na aeronave"... Mas eu não estava fumando.

"Ok", eu digo à mocinha da lanchonete. Sigo caminhando até o outro lado do aeroporto. Tiro um cigarro, mantenho apagado, estou tentando parar de fumar, coloco na boca. Sem perceber finjo fumar três cigarros, um atrás do outro. Eu não quero, não procuro, mas é que às vezes a imagem da vida tem se mostrado exata pra mim. Não adianta fugir. Pra que tanta coisa?

(*Ao microfone.*)

Voo AB 1609. Última chamada! *Get Out! Get Out* !

(*Retorna.*)

xx de xx de 20xx (*Dois dias antes da apresentação.*)

(*Pega o instrumento musical e toca.*)

Down, up, baixo, cima, lá, dó, sol, down…. Isso aqui é um dó, isso é um sol, esse eu ainda não sei o que é…

Tem ocorrido com certa frequência, em pequenos pensamentos conscientes, porém nada racionais. Sou pego de surpresa na imensa vaguidão do pensar. Tudo se arma, as gamas de sentido, as pessoas, os fatos, são em algumas imagens e sons, em palavras, em um pequeno momento que viver se abre frente a mim e eu entendo tudo. Tudo. Se eu pudesse me organizar mais rápido ainda, tal como esses momentos acontecem, certamente eu, eu seria o máximo!!! Mas eu não sou capaz. Ninguém é. Sabe por quê? Está tudo aqui ó, na cabeça, na cachola do humano.

(*Imita.*)

— Ah, primeiro eu queria agradecer toda a equipe. Eu costumo dizer que é uma família. Que tudo isso aqui só é possível por causa deles que nem aparecem de verdade. E queria dizer que essa personagem foi um presente, está sendo um super sucesso, vai ficar marcada na minha carreira. *Get Out! Get Out! Get Out!!!*

assis benevenuto

– Minha idade? Ah, eu não revelo! Eu digo que parei de contar nos 50! A vida começa aos 50, na maturidade! *Get Out!!!*

– Aquelas mulheres que tiram fotos peladas: eu fiquei um pouco nervosa na hora, mas a equipe foi 10, o Duran é um super profissional, e teve toda uma pesquisa para encarnar aquela personagem, e foi um nu muito bonito... *Get Out!* Sacanagem é sacanagem!!! Por isso que eu gosto de filme pornô, porque não tem personagem... e quando tem é distanciado.

– Até quando teremos problemas em dizer cu e deus na mesma frase. Porque cu e deus é lindo, são palavras lindas, não exatamente pelo que elas representam, mas porque são palavras, é vento e articulação, junção de sílabas, sons e intenção. E a intenção de cu e de deus é a mesma, a única diferença é que uma está pra baixo e a outra está pra cima. Pra que tanta coisa?!

(*Ao microfone.*)

Voo AB 1609. Embarque imediato. *Get Out, Get Out!!!*

(*Retorna.*)

(*Toca melhor do que das outras vezes. Cantarola.*)

Isso aqui é um lá, isso é um fá, down, up, agora tá melhor... Dó, sol, lá, fá...

xx de xx de 20xx (*Um dia antes da apresentação.*)

Como se um buraco fosse capaz de se desintegrar no ar em rumores, vestígios de espaço-tempo, mas que, mesmo assim, na grandeza do olhar, continuasse a matéria de que é feito um buraco. Sobrando partículas sem valor suspensas entre o ar, entre mim, entre os seus olhares e ouvidos, entre os meus olhares e ouvidos. Está tudo aqui dentro, ó, na cachola.

Uma vez eu conheci um músico estrangeiro chamado Fofinski. Alguém aqui sabe me dizer o país do Fofinski?

(*Geralmente alguém da plateia responde: "Rússia."*) Não! Ele é da Espanha! Mas nesta mesma noite eu também conheci uma garota russa chamada Elena... Elena era linda. Nunca achei que trocaríamos nenhuma palavra; eu não sei russo. Era noite, bar, música, Fofinski cantava em inglês. Alguém virou e disse: "Essa é a Elena." Eu virei e disse: "Balalaika." Ela disse: "Balalaika?" Eu disse: "Não! Mas é que quando eu me virei, meus olhos passaram pela prateleira do bar cheia de garrafas de vodka e uma delas tinha por nome Balalaika, que é russo, então eu disse: "Balalaika". Ela disse: "Balalaika." Eu disse: "Não! Garçom, traz uma Balalaika pra ela". Elena disse: "Eu odeio vodka". Em bom português. Eu abaixei minha cabeça e fiquei sem graça. Alguém sugeriu fumar do outro lado do bar. No trajeto até lá eu pensei que devia mostrar a Elena que eu não era um idiota. No caminho lembrei de Tchékhov, já li muito, um ícone russo. Não ia faltar assunto. Lembrei do monólogo final de Sônia, em *Tio Vânia*. Elena deu a primeira tragada no cigarro, e eu disse: "O que se pode fazer, Tio Vânia? Continuar vivendo. Nós vamos continuar vivendo, titio. Vamos atravessar uma fileira interminável de dias tediosos. E noites tediosas. Vamos aceitar com toda paciência e provações o que o destino nos impuser... jamais descansaremos. Quando chegar a nossa hora, aceitaremos a morte e, além do túmulo, contaremos tudo que sofremos, tudo que choramos, tudo que provamos com amargura. Nós descansaremos..." "Um deboche?", ela perguntou. "Não, Tchékhov."; "Deboche?"; "Tchékhov!" Elena não gostava de Tchékhov. Ela disse que Tchékhov, como todo grande escritor, era uma farsa. Que ela até concordava sobre a universalidade dos temas, mas que Tchékhov só era um sucesso porque ele escrevia para uma elite cultural da Europa Ocidental daquela época, que nunca havia imaginado a possibilidade daqueles exóticos e friorentos russos terem sentimentos tão parecidos, sequer terem sentimentos... "É muito lógico ser melancólico em Paris", ela me disse. E para o meu espanto, Elena fez uma comparação:

"É como se Iracema se prostrasse e pensasse no amanhã da humanidade. Ou mesmo uma tal índia Botocuda do ano 500 depois de Cristo parasse sobre uma pedra em frente ao mar e suspirasse. Chorasse olhando o horizonte. Pensa em Tio Vânia", ela falou, "feito por índios, encenado dentro de uma cabana, numa reserva da Funai no Amazonas. Ia vender mais que coca! Qual diretor não gostaria de mostrar essa imagem?!?! Por que chora a aborígene?!?! Isso seria sucesso, claro!", ela disse.

Fiquei sem graça. Abaixei a cabeça despistando e ela me beijou. Trepamos três vezes naquela noite. Na manhã seguinte quatro vezes. Uma semana de sexo internacional. Elena não era nada voltada ao porquê das coisas. Antes de retornar à Rússia, perguntei pra ela: "Será que algum dia a gente volta a se ver?" Ela riu e disse: "Esquece Tchékhov, e *get out!*"

Eu não sei se estou me fazendo entender... que as coisas fazem se parecer às coisas, às vezes elas são, às vezes não. Às vezes a própria coisa que se fez parecida à coisa inicial é mais coisa do que a própria coisa original.

(Coloca um cigarro na boca. Acende o cigarro.)

Diretor de cinema!

(Pega uma boina na mala e coloca na cabeça.)

ATOR COMO DIRETOR: Atenção no *set* de filmagem! O plano das câmeras, ok? Atores secundários e figuração, ok? Luz! Atenção: silêncio, organização!!! Última passada no roteiro. Queria agradecer à figuração *(refere-se aos espectadores)* que topou fazer parte do filme sem receber nada... Filme de baixíssimo orçamento, mas a gente vai mandar pra uns festivais aí... Não se preocupem, as cenas estão entrecortadas mesmo, mas a edição resolverá os furos no final. Eu vou fazendo as marcações do ator principal, único ator com DRT que a gente teve grana pra pagar. Ele está no camarim agora e só vai descer quando formos rodar. É cláusula do contrato. "Get Out" get out!

Cena 1 / Sequência 1 / Interna, quarto de motel / Título: Pra Que Ver Cor se os Dias São Cinzas?

Sebastian acorda com uma puta ao lado. (*Fala com alguém do público.*) O senhor pode fazer o Sebastian, e a moça ao lado, pode fazer a puta? Não precisa fazer nada agora... Sebastian acorda nu sob o lençol vagabundo de um motel do baixo centro da cidade. Ela é Dani, hoje está vestida... (*Fala das roupas que a pessoa estiver usando.*) Antes de tombar os olhos, Dani pergunta a Sebastian o que ele vê quando fecha os olhos. Ele ri e diz: "Quando eu fecho os olhos eu vejo um buraco." Viram para lados opostos e dormem. Câmera 3, aqui, 6:44 piscando no rádio relógio do motel, o celular de Dani toca insistentemente, mas ela não acorda. Sebastian se levanta, seus olhos ardem. Ele lava o rosto. Pega a carteira, coloca no bolso e sai. Dani remexe na cama depois que a porta bate. Câmera 3, aqui revela o quê? Uma mancha de sangue! Isso é uma isca para o espectador. Na primeira cena ele já vê sangue.

Ok?! *Get Out!*

Cena 2 / Sequência 1 / Interna, dentro de um bar-boate / Título: Sem Suar Eu Danço.

"Caralhada. Lembrança pornogrática!!!", declama Eliela. Eliela é uma personagem lasciva, um artista pornográfico, pornogrático. É uma travesti que faz shows numa boate. Aqui toda a figuração vai aparecer. Todos vocês vão gritar: "Vai, Eliela! Cante! Dance suas poesias! Faça suas coreografias!"

(*Faz a coreografia.*)

"Meu cacete é lindo, é maravilhoso, o maior pau do mundo." Lindo, cena de ator, uma luz bonita aqui, segura a imagem!.. Peraí... Pessoal do roteiro!? O texto é esse mesmo? Não gente, isso é horrível. O quê? Pois é, o pessoal do som tá comentando aqui... Não... Vamos cortar esse texto. Olha, o ator que for fazer Eliela... vai usar só a expressão corporal. Não vamos escolher o ator agora não. Quem se sentir à vontade vai procurar o pessoal do elenco no final. Eliela é uma travesti. O ator tem que ser ambíguo. Estou vendo várias possibilidades aqui, mas não vamos expor não. Quem se sentir à vontade procura o pessoal do elenco no final. Aí Eliela vai fazer sua coreografia sem o texto, ok, roteiro? Só a ação e carisma.

(*Repete a coreografia.*)

Ok? Get Out!

Cena 3 / Sequência 1 / Externa, metrô / Título: A Dor do Acordeon.

Um cego chora agachado no canto de uma estação de metrô. Ao seu lado está um saco plástico onde ficava seu acordeon que acabara de ser roubado, um chapéu com moedas e um casaco. Há também uma criança ardendo quieta. Mulher e filha vem se aproximando. A câmera deve estar na altura do olhar da menina, que vai revelando as ações do cego. Isso é um jogo de linguagem. Diálogo entre as duas:

— "Mãe, gente cega chora o quê?"; "Como assim, meu bem?"; "Gente cega chora o quê?"; "Ele deve estar triste, minha querida."; "Mas ele chora o quê?"; "Oh, meu Deus. Chora o quê? Chora igual a todo mundo. Chora lágrimas, que vem dos sentimentos."; "Ahn."; "Entendeu?"; "A gente chora do sentimento?"; "Chora, meu bem."; "Achava que a gente chorava as coisas que via e não gostava, achava feio."; "Também."; "Mas o cego vê o quê?"; "Minha filha, é diferente. Ele não vê nada."; "Ahn, já sei: é por isso que durante a noite eu choro tanto quando você apaga a luz do meu quarto."

Boa! Isso, pessoal do roteiro! É por aí! Essa menina é boa!!! Menina e mãe se deslocam. Passam para o outro lado. A menina não tira os olhos do Cego que chora num canto. Diálogo:

— "Mãe, por que eu sou mais enegrecida que a clarinha?"; "Enegrecida, amor?"; "Sim."; "Minha flor, todos nós somos diferentes por fora: uns mais escuros, outros mais claros, com cabelos vermelhos, loiros, pretos, com a cor da pele diferente, tem gente que é ruiva. Tem olho que é verde, castanho, cor de mel...”; “Tá, mas por que eu sou mais enegrecida que a Clarinha?”; “Sempre quando a gente faz um machucadinho, que sai sangue no dedo, qual é a cor do sangue?”; “Vermelho.”; “O de todo mundo é assim, somos diferentes por fora e por dentro somos todos iguais.”; “Já sei, a gente é que nem de lápis de cor.”

Corta! Essa menina é fantástica! Vai longe! Essa atriz mirim é pra prêmio! Vamos fazer um *making of* aqui! Pessoal do elenco, vamos fazer um teste aqui pra escolher a atriz que vai fazer o papel da menina, atenção! (*Fala para a plateia.*) Eu vou contar até três, quero que todas as mulheres façam cara de perspicácia! Não importa a idade, porque o pessoal da maquiagem...! Vamos lá, 1, 2 e 3! Ih! Vai ser difícil, só vi duas possibilidades!

Get Out!

Cena 4 / Sequência 1 / Interna, cozinha / Título: Acarajé de Sentimentos.

A atriz que fará Lenir diz: “Otávio, como estou feliz! Nossa filha, Alice, está chegando! Alice, nossa filha, acabou de ligar, chegou! Ah, merda! Cortei meu dedo. Otávio! Saco! Otávio, cortei meu dedo.”

Lenir mistura sentimentos enquanto faz o almoço de terça-feira. Ela é uma mulher de meia idade. Enquanto ela sente ódio e felicidade, essa frase é importante, enquanto ela sente ódio e felicidade, Otávio vai pegar a bolsa de primeiros socorros. Quem for fazer Otávio tem que ser um ator bom de comédia! Otávio teve um AVC há cinco anos, então tem que ser bom de comédia para segurar a careta do AVC. A câmera 3 deve acompanhar Otávio pelo corredor fazendo movimentos desconexos, por causa do AVC, entende? Lenir vai até o escritório de Otávio, entra e vê fotos pornográficas na tela do computador de Otávio. Está vendo? Ela não é feliz. Lenir volta pra a cozinha, pega os primeiros socorros e diz: “Otávio, como estou feliz!” E serve o acarajé.

Corta! Dá pra sentir o cheiro. Corta! Get Out!

Cena 5 / Sequência 1 / Interna, casa / Título: Quem é Deus nas Minhas Coisas?

Aqui a câmera deve seguir atrás da atriz mirim, imagem dos seus pés caminhando, como se fosse o caminhar pela vida dessa menina. Câmera 3 seguindo bem baixa, nos pés da menina, isso é um jogo de linguagem. A figurante que fará a babá, por favor, conservar uma distância cotidiana. A menina atravessa o corredor até chegar na estante da sala; ela observa estática o seu aquário. Onde estaria o peixe que tanto amava? Recorda que antes de sair para a aula, dera comida para o bicho, que, como dissera sua madrinha, era de sua inteira responsabilidade aquele peixe-presente. Diálogo:

— "Mãe, quem me explica isso?"; "O quê, meu bem?"

A menina olha assustada aquele tanto de micro-peixes que se sacodem acinzentando a água do aquário.

— "Mãe, quem fez isso?"; "Oh, minha filha, a vida! Foi Deus, a natureza fez isso. Agora você tem centenas de peixinhos! Viva!"; "Eu não quero centenas. Eu queria um. Só um."

A pequena abaixa a cabeça pensativa.

— "Agora eu sou centena de vezes inteiramente responsável!"

E joga o aquário no chão. Susto e tapa! Eu quero um tapa real nessa menina, ela já é uma atriz profissional!!! *Making of*! Pessoal do elenco, vamos fazer um teste, câmera 3! Atenção! Mãe, (*escolhe uma mãe na plateia*) eu vou caminhar até você, vou contar até três, vou fingir que sou a menina, vou fingir que vou jogar o aquário no chão e você vai me dar um tapa, de verdade. Silêncio no *set*. Câmera 3, vem comigo. Vai sentindo isso aí, mãe. 1, 2 e 3, vai! (*Joga com a pessoa do público. O objetivo é levar um tapa real, na cara.*)

A menina sai enquanto sua mãe busca ferramentas para catar os bichos misturados ao tapete, enquanto o gato da casa já se ocupa, de forma eficiente, em manter-se alimentado. Atenção, produção, vocês deixaram o gato sem ração desde ontem? Ok!! *Get Out!*

Cena 6 / Sequência 1/ Interna, ônibus / Título: o Céu Dentro de Mim.

Sebastian chora. Vira para a janela e vê o cinza do céu. O ônibus lotado impede o homem de se expressar. Ele não sabe o motivo de lhe brotar dos olhos a força de uma corredeira. Que bonito isso, poesia no roteiro! Ele olha a rua e vê quem? O Cego, que estava na estação de metrô, correndo pelas ruas, atrapalhando o trânsito. Sebastian salta do ônibus e corre atrás do Cego. Corte seco. Cena sem falas! Ok. *Get Out!*

Cena 7 / Sequência 1 / Interna, dentro do carro vermelho / Título: Cala Boca e Dirige.

Aqui não importa quem de vocês irá fazer o papel porque a câmera 3 vai pegar as imagens por trás.

Alice está cabisbaixa. O motorista quieto. Trinta minutos de um silêncio magistral.

Toca o celular dele. "Alô, Lenir? Sim, sim, está tudo bem. Está quietinha, deve ser a viagem. Sim, em alguns minutos estaremos aí."

Get Out!

Cena 8 / Sequência / Externa, rua / Título: Flor de Prazer.

Mãe e menina andando pela rua. Elas param em uma esquina. Do outro lado está Eliela fazendo suas danças performáticas, dançando suas poesias pornográficas. A menina olha, gosta, ela entende.

— "Mãe, olha aquele moço ali, o que ele está fazendo?"; "Aonde, meu bem?"; "Ali, do outro lado da rua."; "Querida, a mamãe está no telefone!"

Do outro lado da rua, Eliela declama em voz alta suas poesias pornográficas. Imagem da menina observando. A menina diz:

— "Mãe, quando eu crescer também quero uma boceta regada a muito amor."

Osso na pele! Um soco! Quero um soco nessa atriz! "Ai. Você não gosta mais de mim."; "Menina volta aqui". A criança sai correndo.

Depois, apenas uma sequência de imagens. A menina corre enquanto sua mãe chuta o orelhão, enquanto Dani enxuga o sangue, como uma cadela se lambendo no cio, enquanto a faxineira do motel barato bate violentamente na porta achando que tem alguém morto dentro do quarto, enquanto servem comida nos tantos bares, enquanto Sebastian chora, enquanto o ator principal, eu falei que ia fazer, atravessa a rua, ouve o grito dado pelo Cego, vira o rosto, não vê o carro vermelho de Alice e... é o acidente!

O acidente é o ponto de giro da trama. A menina, a mãe, Eliela, o motorista, até mesmo o Cego e outros figurantes deverão ser os primeiros a enxergar o acidente; é o momento em que as histórias se cruzam, genial, devem olhar para a câmera em contra-*plongée*, como se estivessem vendo o homem que foi atropelado. Prestem atenção, isso é magnífico! É uma inversão, percebem? A câmera é o olhar do atropelado, é o cinema rasgado, um outro tempo da imagem, mas na sala de cinema a câmera, a perspectiva do acidentado é a representação de cada espectador, como se o filme atropelasse a vida de cada um deles. Genial! *Get Out!*

E finalizamos com um *zoom*, a câmera se aproximando do rosto do atropelado, um filete de sangue escorrendo, isso é pra fechar a *gestalt* do sangue que começou na cena de Dani. E teremos apenas o som do agudo da corrente sanguínea; acho uma boa imagem sonora para o espectador fruir a obra. Nos créditos uma música alegre! Pessoal do som, escolhe uma música pop, uma bem conhecida, leve, alegre, que embale as pessoas, algo alegre! Não quero que o meu espectador volte para casa triste! Não! Ele acabou de ver sangue, mais o quê? A incomunicabilidade humana, histórias desconectadas, um acidente, encontros e desencontros... quero que o meu espectador volte pra casa pensando nas coisas, mas alegre! E depois, vem o Cego, isso é piada, ele vai tentar enquadrar, como se enxergasse a câmera, ai ai ai, vai dar um sorriso fora do quadro, assim! Ok! Figuração, câmera 3, som, chama o ator principal, vamos rodar?! *Get out,* vamos rodar! *Get Out!*

136   get out!

(Joga a boina do diretor no chão.)

ATOR: Neste exato momento, quando o diretor terminou sua fala "vamos rodar, *get out*", ele se apoiou em um suporte de madeira com rodas, e sobre esse suporte estava um equipamento muito pesado que desequilibrou e caiu. O assistente de fotografia, um jovem inglês, que estava sobre a grua, vendo acontecer o acidente, gritou bem alto: "*Get out! Get out!*" Mas o diretor não entendeu, achou que era uma piada de caráter linguístico, acenou pro alto e o equipamento caiu sobre ele, matando o diretor. Ali, naquele momento, em que os atores estavam pelo espaço, ensaiando, encenando de mentira a mentira maior que seria a gravação, a cena final do filme acabou acontecendo de verdade. O acidente. Quer dizer, da mentira para a verdade. Todos os atores olharam para o diretor caído no chão, como estava no roteiro. Igual. E o diretor, antes de dar o último suspiro, disse num *insight*:

"Peguem a câmera, gravem isso! É genial! Essa é a imagem final do filme. *Get Out!*"

Entendem? Uma coisa que não era, passa a ser? A coisa que se fez parecida à coisa inicial é mais coisa do que a própria coisa original. Ela é não sendo! Tá tudo aqui ó! Se você deixar...iiii... é só deixar se convencer pelo que as pessoas estão falando por aí....

Quem aqui diz que não se envolve com política, está na rua, entra numa manifestação, logo está com a cara pintada, gritando... quem aqui, não gosta de futebol, se emociona não com o jogo, mas com o tremor do estádio quando, aos 48 minutos do segundo tempo, o goleiro defende um pênalti com o pé esquerdo! Quem aqui diz "ai, não gosto de axé!" Eu te dou três goles de pinga, te coloco na pipoca, em pouco tempo, lá está você até ao chão. As coisas são até o momento que deixam de ser.

"Voo AB 1609. Última Chamada!" Cala essa boca!

"Desculpe, estou apenas realizando o meu trabalho." Trabalho de merda!

Olho pra frente. As coisas aqui são o que não são. O avião é o que não é. Eu odeio essa ideia. Este lugar que não é nada. Lugar que sou o que o meu papel representa. Sou o que não sou. A ansiedade vem me consumindo. Acabo comprando um café. E penso: calma, as estatísticas mostram que avião é o meio de transporte mais seguro, e você nunca esteve num voo que se acidentou. Existem estatísticas, matemáticos que fazem essas contas! Você não estava no voo Douglas DC-3, no Voo 3 da TWA Califórnia, no FOKKER 100 da TAM, no Voo Air-France 4590. Você não está nas estatísticas!

Você não tem nada a ver com aquelas pessoas... Tento tirar os pensamentos ruins: *Get out! Get out! Get out!*

Fico imobilizado num canto qualquer do aeroporto. "Senhor Benevenuto Assis." Não, eu não vou entrar na Duty Free. "Senhor Benevenuto Assis."

Eu não vou duvidar do meu nome. "Senhor Benevenuto Assis." Nem dos meus documentos. Merda, cala essa boca!

"Cala essa boca o senhor, senhor Benevenuto Assis. Eu tentei avisar, chamei várias vezes por você, mas o senhor preferiu me ignorar. O senhor acha que é fácil para mim estar aqui? Manter essa cadência na voz? Então cale a boca você, senhor Benevenuto, eu preciso falar."

Aí, nesse momento, o aeroporto inteiro olha pra cima, as pessoas não entendem o que está acontecendo.

"O senhor acha que é fácil ser quem eu sou? Atenção passageiros do voo 9467, quero dizer... Quero dizer, esqueçam o que eu disse. Ai, desculpem. Não quero falar com os passageiros do voo 9467; agora, eu estou me dirigindo aos amigos, parentes, filhos, esposas. O voo 9467 desapareceu. *The flight 9467 disappeared.* Peço gentilmente aos senhores e senhoras que aguardavam seus parentes, amores, amigos, funcionários: dirijam-se calmamente e imediatamente para o saguão laranja. Daremos início aos procedimentos que nos cabem neste tipo de operação. Contaremos com a presença de psicólogos, advogados, líderes religiosos, água, café, mix de castanhas e barrinhas de cereal disponibilizados gratuitamente pela nossa empresa. Sabemos também que

138   get out!

a escolha da companhia aérea é uma decisão do cliente.
Não venham nos culpar, quer dizer, por isso agradecemos
a preferência por voar, quer dizer, por tentar, não, perdão,
por acreditar que não seria dessa vez.

"Senhor Benevenuto Assis, esse não era o seu voo, será
que agora dá pra você embarcar?"

E nisso o aeroporto estaria um grande alvoroço... Todos
gritando: Get Out! Get Out! Get Out! Eu não vou pegar esse
voo!!! (Tempo.) Olho pra vocês e penso: todo mundo aqui
está aguardando um get out de Deus. Mas se vocês estão
aqui, certamente é porque não estiveram naqueles voos, ou
porque não poderiam estar em outro lugar. Mas de agora
em diante, vai saber... Uma vez, no aeroporto, uma pessoa me perguntou o que eu gostaria de sentir na hora da
morte. O que você gostaria de sentir na hora da morte, o
que você gostaria de sentir na hora, você, você, o que vocês
gostariam de sentir na hora da morte? (Pergunta para o publico.)

E neste momento, neste exato momento do agora, o
que vocês gostariam de sentir?!

(Faz a mágica de desaparecer o lenço da aeromoça. Tempo.)

Se estivéssemos num teatro convencional, a luz do palco
iria diminuir, a luz da plateia iria acender, a cortina iria se
fechar porque a peça acabou. Mas antes disso acontecer, o
ator principal volta pra tentar encaixar uma cena que não
entrou na montagem original. Faz algo contra a vontade do
escritor e do diretor. Ele volta ao palco e faz um daqueles
depoimentos pessoais que estão em moda no teatro contemporâneo e que pode acabar com a peça que vocês viram.

(Sai.Volta.)

Down, down, up, down, up, down...

xx de xx de 20xx (Dia exato da apresentação.)

Eu sempre quis ser cantor. Nunca havia pensado em ser
ator. Até eu decidir ser ator, passei por muitos lugares...
mas não quero falar disso não, eu vou dar um salto... Eu
queria perguntar pra vocês: quem olha esse Snoopy aqui,

pensa o quê? (*Existe um Snoopy, um adesivo, colado no seu instrumento, o ukulele. O ator dedilha algumas cordas.*) Quem me deu esse *Snoopy* foi uma criança que estava no hospital. Porque eu também trabalho num hospital. Na primeira vez que essa criança me viu ela me adorou. Não sei por que, assim de graça, não me largava, chamava meu nome muitas vezes, quase não deixava eu trabalhar. Quando comecei esse trabalho no hospital era preciso tocar algum instrumento musical. Eu nunca toquei nada. Nunca levei jeito pra música. Mas aí comprei esse instrumento que é pequeno, leve, tem menos cordas que o violão e comecei a treinar. Eu tentava tocar lá no hospital. Era bem ruim. Muito ruim. Não que hoje em dia seja bom, mas é que eu era péssimo! Um dia uma mãe de uma criança virou pra mim e disse: "Éééé palhaço, viver é igual tocar instrumento…todo dia tem que tentar um pouco." E eu continuo aqui, tentando.

A última vez que vi essa criança ela estava no CTI. Eu entrei fazendo alguns sons e ela percebeu que era eu quem estava entrando. Uma criança em estágio terminal que ouviu um *get out* da vida e rachou fora daqui. Uma criança que nunca andou de avião, que não cresceu, não virou adulta, que não teve tempo para entender isso que a gente está fazendo aqui agora, talvez ela nem precisasse entender, uma criança que não manifestou, "sem violência, sem violência", não teve tempo… Pra essa criança eu fui o cantor, o meu sonho, fui mágico, eu pude voar, ser super herói, ser invisível, lutador… E ela me deu esse *Snoopy* aqui, e eu toquei pra ela a primeira música que eu aprendi.

(*Toca Elephant Gun. Projeção.*)

FIM.

Assis Benevenuto é dramaturgo, ator e diretor. Formado em Letras pela UFMG e em Teatro pelo Centro de Formação Artística da Fundação Clóvis Salgado. Integrante do Grupo Quatroloscinco Teatro do Comum. Colaborador dos grupos Espanca! e Instituto Hahaha. Cocriador e Coordenador dos Ateliês de Dramaturgia (BH) e da editora Javali.

Isso é Para Dor[1]

Byron O'Neill

1. Este texto foi elaborado durante o processo de criação do espetáculo *Isso É Para Dor*, do grupo Primeira Campainha, de Belo Horizonte, MG. Foi realizada uma leitura dramática da primeira versão do texto com o título *Experimento Dramatúrgico n. 1*, no dia 27 de novembro de 2012, dentro da programação da 1ª edição do Janela de Dramaturgia. Posteriormente, na 2ª edição do Janela de Dramaturgia, foi feita uma leitura dramática da segunda versão do texto, com o nome *Experimento Dramatúrgico n. 2*, no dia 9 de julho de 2013. A peça estreou, com o título *Isso É Para Dor*, no dia 22 de março de 2014, no Teatro João Ceschiatti, em Belo Horizonte. O texto é livremente inspirado no livro O DIÁRIO DE ANNE FRANK. Dedico este trabalho a todos aqueles de dentro e de fora do Anexo que fizeram esta obra possível. Especialmente a Anne Frank, por ser o que ela é.

Personagens:

Benjamim Amapola

Shyrley Ballantimes, mais conhecida como Mary

Vonda Yeva Pavlov

Uma espécie de depósito repleto de objetos de formas e tamanhos distintos: malas, cadeiras, uma escada, sapatos, casacos, manequins, tecidos etc. Ao centro, uma mesa com um rádio antigo. À direita e à esquerda, duas janelas, cortinas fechadas. BENJAMIM AMAPOLA, e SHYRLEY BALLANTIMES, mais conhecida como MARY, estão sentadas em suas cadeiras, descascando batatas. De um cômodo anexo entra VONDA YEVA PAVLOV.

VONDA: Bom-dia.

MARY: O que a faz pensar que hoje será um bom dia?

VONDA: Há dias não escuto nada. Creio que talvez...

MARY: Talvez...

BENJAMIM: Ela continua dormindo?

VONDA: Continua.

BENJAMIM: Já faz algum tempo.

MARY: Muito tempo. Creio que está dormindo há mais de uma semana.

BENJAMIM: É normal alguém dormir tanto tempo assim?

VONDA: Nas atuais circunstâncias, diria que o ideal seria dormir o tempo todo. O sono ajuda a passar o tempo, já que é impossível matá-lo.

144 isso é para dor

BENJAMIM: O relógio continua a marcar o tempo?

VONDA: Não atrasou nem sequer um segundo desde a última vez que olhei. E nem mesmo se adiantou, o que seria preocupante.

MARY: Que dia é hoje?

VONDA: Do mês ou da semana?

MARY: Pra você faz diferença?

VONDA: De maneira alguma.

MARY: Então, qual é o motivo da pergunta?

VONDA: Motivo algum. Apenas curiosidade.

MARY: Curiosidade é um problema. Devemos evitá-la de todo modo.

VONDA: Por que você diz isso?

MARY: Não seja curiosa.

BENJAMIM: Hoje é terça-feira.

VONDA: Eu gosto de terças.

MARY: Prefiro as quartas.

BENJAMIM: As sextas me caem bem. Assim como os sábados. Entretanto, odeio os domingos. Ficar calada durante todo o dia não me agrada.

VONDA: O sol continua a nascer e os pássaros a cantar. Isso é o mais importante.

BENJAMIM: Já não me lembro.

VONDA: De quê?

BENJAMIM: De como é o nascer do sol.

MARY: Tolice. O nascer do sol é sempre igual.

BENJAMIM: Como é?

MARY: Sempre a mesma coisa. O sol nasce e depois se põe.

VONDA: Você se esquece dos dias nublados.

MARY: O sol nasce independentemente das nuvens. Se as nuvens o atrapalham já não é problema meu.

VONDA: O que temos hoje para o café?

BENJAMIM: O mesmo que tínhamos ontem: batatas.

MARY: E no jantar comeremos batatas com purê de batatas. E, no almoço de amanhã, batatas fritas. Isso se conseguirmos um pouco de óleo.

BENJAMIM: Aos porcos as batatas. As abelhas ficam com o mel e as cigarras cantam enquanto as formigas trabalham.

byron o'neill

VONDA:	Não devemos reclamar. Há pessoas que seriam capazes de matar por causa de uma batata, mesmo que pequena.
BENJAMIM:	De todo modo, não aguento mais comer batatas. Além disso, sou diabética.
VONDA:	Minha tia costumava comer batatas todos os dias e viveu até os oitenta anos.
BENJAMIM:	Morreu de quê?
VONDA:	De diabetes.
MARY:	Meus pêsames.
VONDA:	Não cheguei a conhecê-la. Era uma atriz extraordinária. Se você a tivesse visto num palco, sua vida se transformaria.
MARY:	É uma pena.
VONDA:	De qualquer modo, foi feliz, apesar de odiar batatas. Sempre vomitava quando as comia. Mas sua persistência era admirável.
BENJAMIM:	Imagino que tenha sido uma grande mulher.
VONDA:	Era anã. Media pouco mais que um metro de comprimento por dois de largura. Mas no palco ficava enorme. Muitos confundiam sua estatura e outros ignoravam seu peso desproporcional ao tamanho. Nunca houve uma Medeia como ela. Jamais alguém interpretou tão bem o papel de uma morta ou mesmo de Olavo. Seu talento era extraordinário. Certa vez, ao interpretar o papel de uma assassina em série, matou mais de 327 galinhas munida apenas de um livro com receitas culinárias e um canivete russo. Era muito dedicada.
MARY:	Gostaria de tê-la conhecido.
BENJAMIM:	Eu também.
VONDA:	Essa noite sonhei com ela de novo.
BENJAMIM:	Com sua tia?
VONDA:	Não. Com Emely. Espero que ainda esteja viva. Sinto-me culpada.
MARY:	A culpa não é sua. Ninguém poderia supor que...
VONDA:	Seu rosto parecia o rosto de uma caveira. No lugar dos olhos, havia dois buracos.
BENJAMIM:	Pobre Emely. Temos sorte de estarmos aqui.
MARY:	Sorte?

BENJAMIM:	Ainda temos nossos olhos.
MARY:	E de que servem nossos olhos se já não há nada que valha a pena ser visto?
VONDA:	Daria tudo o que tenho para ver Emely mais uma vez.
MARY:	Você não tem nada.
VONDA:	Mesmo assim daria tudo. Compreende? Não, você não compreende.
MARY:	Melhor assim. De que adiantaria compreender? Às vezes o melhor é ignorar.
BENJAMIM:	Não sei como pode ser tão fria.
MARY:	Sou apenas realista.
BENJAMIM (*para* VONDA):	Ela começa a me incomodar.
VONDA:	Não deixe que ela estrague seu dia.
BENJAMIM:	Gostaria de um café.
VONDA:	Posso providenciá-lo. Creio que ainda temos café na despensa.
BENJAMIM:	Talvez não seja uma atitude sensata. Minha mãe sempre me disse para nunca beber café. Nossa família é completamente alérgica. Mesmo uma gota é capaz de me matar. Segundo minha mãe, meu pai morreu ao levantar-se atrasado para o trabalho e confundir uma xícara de café com uma de chá. Depois de beber o café e dar cinco passos em direção à sala, morreu sentado confortavelmente no sofá da casa.
VONDA:	Uma pena. Costumava tomar café todos os dias. Já não é um hábito recorrente, mas durante muito tempo modulou meu caráter.
MARY:	Um café pela manhã é incomparável. Entretanto, detesto o gosto. Prefiro chá.
BENJAMIM:	Chá é bom.
VONDA:	Se quiser posso preparar um.
BENJAMIM:	Gostaria de um café. Mas prefiro recusar o chá.
VONDA:	Melhor assim. É mais sensato.
MARY:	Gostaria de um banho.
BENJAMIM:	Um banho não seria uma má ideia. Entretanto, não suporto o cheiro que vem do banheiro.
MARY:	Se ao menos pudéssemos usar a descarga, seria diferente.

byron o'neill

VONDA: Vocês reclamam demais. Eu não estou sentindo cheiro algum.
MARY: Sorte sua.
BENJAMIM: Deveríamos abrir um pouco a janela.
MARY: Você sabe que não podemos.
BENJAMIM: O odor está nos matando.
MARY: Há meses reclamava do frio, entretanto continuamos vivas.
BENJAMIM: Quase nos congelamos.
MARY: "Quase" não é o bastante.
BENJAMIM: Tivemos sorte, isso sim.
MARY: Enquanto estivermos aqui estaremos seguras.
VONDA: Já faz um tempo que Beatriz não aparece.
BENJAMIM: Está doente. Parece que pegou um resfriado.
VONDA: Pobre Beatriz!
BENJAMIM: Deveríamos preparar um bolo para ela.
MARY: Um bolo? Mal temos comida suficiente para nós e você
           quer preparar um bolo para ela. Francamente...
BENJAMIM: Ela nos ajuda muito.
MARY: Não faz mais do que a obrigação. No lugar dela faria
           muito mais.
VONDA: Você sabe que é arriscado para ela.
MARY: Arriscado? Veja nossa situação.
VONDA: Ela tem filhos.
BENJAMIM: Nunca soube que Beatriz tinha filhos.
VONDA: Se não me engano cinco. Ou seis.
BENJAMIM: Verdade? Está bem conservada.
MARY: Conservada? Ela mal consegue andar!
BENJAMIM: Quase não tem rugas.
VONDA: Você precisa ir ao oftalmologista.
BENJAMIM: Sério? Vou marcar uma consulta assim que tudo acabar.
VONDA: Eu gostaria de um dentista.
MARY: Odeio dentistas.
VONDA: Você diz isso porque seu dente não dói.
MARY: Você não sabe nada sobre meus dentes. Eles doem.
BENJAMIM: Eu não preciso de um dentista simplesmente porque não
           tenho dentes.
MARY (olhando atentamente para a boca de BENJAMIM): Nunca havia reparado.
BENJAMIM: Você nunca repara em mim.

148   isso é para dor

MARY: Isso não é verdade.
VONDA: Sinto falta da minha escova de dentes.
MARY: Todas sentimos.
BENJAMIM: Eu não.
MARY: Compreensível.
VONDA (*após uma longa pausa*): Então, é assim.
MARY: É assim.
BENJAMIM: Com o tempo se acostuma.
MARY: Isso depende das pessoas.
VONDA: Alguém aceita um café?
MARY: Não, obrigada.
VONDA: E você?
BENJAMIM: Eu não bebo café.
VONDA: Verdade, havia me esquecido. Com licença.

(*VONDA sai em direção à despensa.*)

BENJAMIM: Você sabe que dia foi ontem?
MARY: Se hoje é terça-feira, como você mesma disse, ontem só
           pode ter sido segunda. O que me leva a crer que amanhã
           será quarta-feira.
BENJAMIM: Estou perguntando o dia do mês.
MARY: Pra você faz diferença?
BENJAMIM: Ontem foi meu aniversário.
MARY: Você deveria ter me avisado.
BENJAMIM: Eu avisei.
MARY: Não reparei. Feliz aniversário.
BENJAMIM: Você sempre se esquece do meu aniversário. Todo ano é
           a mesma coisa.
MARY: Você detesta aniversários.
BENJAMIM: Porque você nunca lembra. A verdade é que você não me
           ama. Nunca amou.
MARY: Não diga bobagem.
BENJAMIM: Então diga que me ama.
MARY: Não seja idiota, você sabe muito bem que eu…
BENJAMIM: Você nunca me disse.
MARY: Não creio que seja necessário.
BENJAMIM: Diga ao menos uma vez.

byron o'neill

MARY: Farei um esforço. Mas não sei se vou conseguir.
BENJAMIM: Você é incapaz de me amar. Você é egoísta.
MARY: Você não compreende.
BENJAMIM: É tão difícil assim dizer que me ama?
MARY: Você não entende porque somos diferentes.
BENJAMIM: É verdade. Nós somos diferentes. A diferença é que eu te amo.
MARY: Não. A diferença é que você precisa dizer que me ama. Às vezes parece que você diz que me ama só para ficar feliz.
BENJAMIM: Não é isso. A verdade é que eu realmente te amo. E já não sei se você me ama. Às vezes penso que eu sou uma idiota.
MARY: O que a faz pensar que eu não te amo?
BENJAMIM: Você nunca disse.
MARY: Qual a necessidade de se dizer isso?
BENJAMIM: Apenas diga que me ama.
MARY: Eu te amo.
BENJAMIM: Você não me ama. Você só disse que me ama porque eu pedi.
MARY: Mas é verdade. Eu te amo.
BENJAMIM: Eu não acredito em você.
MARY: Eu estou dizendo a verdade.
BENJAMIM: Jura?
MARY: Se você não acredita em mim, pergunte para Margareth.
BENJAMIM: Não tenho coragem de acordá-la.

(VONDA *volta da despensa com uma xícara de café.*)

VONDA: Margareth finalmente acordou.
BENJAMIM: Sério?
VONDA: Mas já voltou a dormir. Não sei como alguém consegue dormir tanto numa situação dessas.
MARY: Eu a invejo. Faz dias que não durmo bem.
BENJAMIM: A única que consegue dormir bem aqui é Margareth.
VONDA: Estive conversando com Margareth enquanto preparava o café e chegamos na seguinte conclusão: acreditamos que devemos nos preparar para o caso de uma invasão!
MARY: Você e Margareth ainda acreditam que vai haver uma invasão?
VONDA: Você não lê os jornais?
MARY: Por acaso você acredita em tudo que lê nos jornais?

150 isso é para dor

VONDA: No jornal de ontem publicaram mapas onde estão marcadas as possíveis áreas de inundação e incêndio em caso de uma invasão. Estamos bem no meio de uma delas.

MARY: Desde quando você se tornou uma especialista em mapas?

BENJAMIM: Não é preciso muita inteligência para se compreender um mapa. Basta boa vontade. Coisa que você não tem.

MARY: Quer dizer então que eu não tenho boa vontade? Só faltava essa!

VONDA: Parem de brigar! Vocês me tiram do sério!

BENJAMIM (*após uma breve pausa*): Deveríamos construir botes salva-vidas.

VONDA: Deveríamos, isso sim, treinar o ofício de andar sobre brasas. Certa vez conheci um faquir que era capaz de...

MARY: Vocês estão loucas! O melhor a se fazer, dada a instabilidade da situação, é não fazer nada.

BENJAMIM: Devo discordar. O melhor a fazer é planejar algo. O prevenido morreu de velho. Deveríamos construir um barco.

MARY: Um barco? Deixe de tolice! Por que precisaríamos de um barco?

BENJAMIM: Em caso de uma enchente! Ou de uma inundação.

VONDA: Em caso de uma enchente o melhor a se fazer é andar com pernas de pau. Quando jovem, era craque nisso. Meu pai era dono de um circo.

BENJAMIM: Sou incapaz de usar uma perna de pau. Prefiro um barco.

VONDA: Barcos me dão enjoos...

BENJAMIM: Nada que um saco plástico não resolva.

MARY (*irônica*): Era o quefaltava: um barco!

BENJAMIM: Estádecidido: deveríamos construir um barco! Um barco não, um navio!

MARY: Em caso de um incêndio, o que faremos com um barco? Ou com um navio?

BENJAMIM: Não venha com perguntas estúpidas! O que fazer com um barco? Ora essa...

MARY: Estamos longe do mar!

BENJAMIM: E quem precisa do mar? Temos as enchentes...

VONDA: E os rios...

BENJAMIM: E a chuva!

MARY: Há meses não chove.

byron o'neill

BENJAMIM: É verdade.

VONDA: Deveríamos então nos prevenir contra um incêndio!

BENJAMIM: Podemos construir um barco!

MARY: Não seja estúpida!

BENJAMIM: Talvez um moinho…

MARY: Talvez devêssemos simplesmente não fazer nada.

VONDA: Ela tem razão. Talvez o melhor a fazer seja não fazer nada.

BENJAMIM: Nada?

MARY: Você não entende. Não há nada a ser feito.

BENJAMIM: Você me deixa confusa.

MARY: Você é confusa.

BENJAMIM: Não. Eu não sou. Você me deixa.

MARY: Isso já não importa. O importante é manter a calma.

BENJAMIM: Manter a calma? Você tem ideia do que está falando?

VONDA: Não grite. Jamais devemos gritar. Você sabe muito bem disso.

BENJAMIM: Desculpe-me, estou cansada. Sinto fome.

MARY: Pelo menos sente alguma coisa. Já não sinto nada.

VONDA: Às vezes tenho vontade de gritar. Nem que seja uma última vez.

MARY: Não iria adiantar nada. Eles iriam nos achar. E mesmo que não nos achassem não faria diferença.

VONDA (*exaltada*): Pelo menos teria gritado!

BENJAMIM: Fale mais baixo.

VONDA: Eu estou falando baixo.

BENJAMIM: Por favor, eu imploro!

VONDA: Agora você implora?

BENJAMIM: Desde que você não grite.

VONDA: Até nosso grito nos foi tirado!

MARY: Silêncio! Vem vindo alguém!

VONDA: Não seja paranoica.

MARY: Silêncio!

(*Permanecem imóveis e em silêncio durante 37 segundos.*)

MARY: Foi por pouco.

BENJAMIM: Por quanto tempo iremos nos esconder?

MARY: Pelo tempo que for necessário.

VONDA: Creio que não posso mais. Vou embora.

152   isso é para dor

MARY: Não seja ridícula. Você não pode ir embora.
VONDA: Não há nada que me segure aqui.
BENJAMIM: Se você for embora eles irão pegá-la.
MARY: Não há nada a fazer. Aceite isso.
VONDA: Poderia arriscar.
MARY: De novo?
VONDA: Eu nunca arrisquei!
MARY: Vai começar com essa história de novo?
VONDA: Você deveria vir comigo.
MARY: Ela nunca irá me abandonar.
VONDA: Tem certeza?
BENJAMIM: Eu nunca irei abandoná-la.
MARY: Não sei por que você me ama tanto.
BENJAMIM: Porque você precisa.
MARY: Você deveria me abandonar.
VONDA: Vocês são patéticas.
BENJAMIM: Talvez… mas você é mais.
VONDA: Eu te odeio.
BENJAMIM: Você não me odeia. Você precisa de mim. É diferente.
VONDA: Eu não preciso de ninguém.
MARY: Se vocês puderem fazer silêncio, eu agradeço.
VONDA: Eu me recuso a ficar calada mais uma vez.
MARY: Então vá embora.
VONDA: Você sabe muito bem que não é tão simples.
MARY: Então fique calada.
VONDA: Faz dias que não abro a boca.
MARY: Continue assim.
VONDA: Não aguento mais. Eu desisto.
MARY: Você não tem esse direito.
VONDA: Não tenho o direito? Era o que faltava. Quer dizer que
            agora nem desistir posso mais?
MARY: Exatamente. Aceite isso.
VONDA: Eu me arrependo de algumas coisas.
MARY: Sempre haverá espaço para arrependimentos.
VONDA (*exaltando-se*): Não há espaço para mais nada!
BENJAMIM: Não grite. Por favor.
VONDA: Desculpe-me.

byron o'neill

MARY: Não peça desculpas. Apenas não grite.

VONDA: Nem gritar podemos mais...

BENJAMIM: Já faz um tempo.

VONDA: Muito tempo. Pelo menos pra mim.

(*Ouve-se uma sirene de guerra, dessas que avisam sobre um bombardeio eminente. Posteriormente, o som de bombas e baterias antiaéreas. Ouve-se um grande estrondo. Um refletor cai ao lado de uma das atrizes. A mesa no centro da sala balança. Pedaços do teto começam a cair sobre a plateia.*)

MARY: Acredito que deveríamos começar sem Margareth.

BENJAMIM: Todo dia é a mesma coisa. Você sempre propõe que comecemos sem Margareth.

MARY: Margareth não faz tanta falta assim. Ela dorme praticamente o tempo todo. Não acredito que seja um problema começarmos sem ela.

BENJAMIM: Eu discordo. Ficaria mais segura se Margareth se juntasse a nós.

VONDA: De qualquer modo, Margareth continua dormindo. Seu sono é digno de aplausos.

MARY: Seria uma perda de tempo esperar por Margareth. Lembre-se da última vez que fizemos isso.

BENJAMIM (*após uma breve reflexão*): Vocês têm razão. Comecemos sem Margareth. Afinal, não sabemos quando ela irá acordar.

(BENJAMIM AMAPOLA, SHYRLEY BALLANTIMES, *mais conhecida como* MARY, *e* VONDA YEVA PAVLOV *começam o ensaio de uma peça que nunca irão estrear. Trocam o figurino por alguma outra roupa que esteja no cenário e pareça mais teatral.* VONDA *assume o papel de narradora da cena, enquanto* MARY *aproveita os objetos disponíveis para fazer a trilha sonora ao vivo, além de cantarolar músicas clássicas que combinem com a cena. Elas levam o ensaio muito a sério. A atuação muda drasticamente, já que agora estão fazendo teatro. Os gestos tornam-se mais largos e marcados. A voz mais empostada. As ações de* BENJAMIM, *que interpreta na cena o papel de Bambi, são determinadas pela narração de* VONDA. *Se* VONDA *diz que Bambi está alegre,* BENJAMIM *procura demonstrar felicidade. Se ela diz que Bambi pula,* BENJAMIM *pula. E assim por diante.*)

VONDA: É um belo dia. Mãe e filho pastam alegremente numa colina. A água do riacho ao lado há pouco matou sua sede. Uma nova geração chegou com a primavera. De repente,

154 isso é para dor

ouve-se o som de galhos se quebrando e vozes humanas. O pânico, instintivo, toma conta de Bambi e dos outros filhotes. A mãe grita em sua direção e o manda correr o mais rápido que puder. Bambi obedece sua mãe e corre o mais rápido que suas pequenas pernas permitem. A mãe de Bambi não corre. Ela assume a postura mais ameaçadora que uma mãe pode assumir e se coloca no caminho entre o filho e o perigo eminente. Ouve-se um estampido. Um barulho seco do qual Bambi jamais irá se esquecer. As pernas de Bambi bambeiam, o desobedecem, e ele olha para trás. Ele para de correr e chama pela mãe.

BENJAMIM: Mamãe?

VONDA: Ela não responde. Pressentindo o que aconteceu, Bambi começa a chorar. A neve começa a cair e se mistura às lágrimas de Bambi. A paisagem, outrora verde e florida, torna-se branca e fria. Bambi, com olhar desolado, sozinho e perdido no mundo, clama pelamãe:

BENJAMIM: Mamãe! Mamãe! Que este estampido horrendo não a tenha levado! Não! Mil vezes não! Ai de mim... o que farei sem você? Quem há de me ensinar os primeiros passos, as primeiras palavras? E quando precisar do seu colo? Precisar novamente do seu ventre? Eu sou apenas uma criança, mamãe. Apenas uma criança! Não é justo. Quem há de me alertar sobre os perigos da selva? Eu sou apenas um veado. Um pobre veado sem mãe! Quem vocês pensam que são? Quem lhes deu o direito? Houve um tempo em que podíamos pastar livremente pelas relvas sem sermos perturbados. Mas aí vocês chegaram e levaram minha mãe, minha infância. Covardes! Não tenho armas pra lutar contra vocês, por isso uso as palavras. Mas não duvidem do poder daspalavras: no fim são elas que contam as histórias e escolhem os vencedores e os vencidos. Minha história será contada para sempre. A história de Bambi! Nela vocês são apenas os caçadores, nada mais.

VONDA: O pai de Bambi se aproxima do filho, olha dentro de seus olhos e diz: "Sua mãe não pode mais ficar com você. Venha

byron o'neill

meu filho." Bambi o acompanha. Sabe que nunca mais será o mesmo.

(O bombardeio para interrompendo o ensaio. Voltam a falar de maneira mais natural. O volume da voz diminui consideravelmente.)

VONDA: Você está bem?
BENJAMIM: Estou.
VONDA: Tem certeza?
BENJAMIM: Gostaria de ver o mar uma última vez.
MARY: Você conheceu o mar?
BENJAMIM: Pessoalmente não. Mas é como se o conhecesse. Sentirei saudade de suas águas.
VONDA: "A influência do mar na vida dos amantes."
BENJAMIM: O quê?
VONDA: "A influência do mar na vida dos amantes." É o título de um livro.
BENJAMIM: Você sabe ler?
VONDA: Evidentemente, não. Mas gostaria. Alguém aceita mais café?
BENJAMIM: Eu não bebo café.
VONDA: Talvez um chá?
MARY: Gostaria de um café, mas prefiro recusar o chá.
BENJAMIM: Um chá não seria uma má ideia.
VONDA: Creio que ainda temos chá na despensa. Com licença.

(VONDA sai em direção à despensa. BENJAMIM e MARY ficam caladas durante um tempo.)

BENJAMIM: Você realmente disse para Margareth que me amava?
MARY: Se você não acredita, pergunte para ela.
BENJAMIM: Já disse que não tenho coragem de acordá-la. *(Após uma breve pausa.)* Não consigo entender como você é capaz de dizer para Margareth que me ama se é incapaz de dizer o mesmo para mim.
MARY: Eu disse o mesmo que disse para Margarteh para você não faz muito tempo.
BENJAMIM: O que foi que você disse para Margareth?
MARY: Você sabe muito bem o que foi que eu disse para Margareth.

156   isso é para dor

BENJAMIM: Por acaso Margareth pediu para você falar que me amava
ou você disse para ela sem mais nem menos?
MARY: Você realmente acha que Margareth me pediria para falar
uma coisa dessas? Francamente...
BENJAMIM: Você disse que me amava apenas porque eu pedi. Porque
eu pedi, não, porque eu implorei. Já para sua querida Margareth você diz que me ama sem ao menos ela perguntar.
MARY: Não seja ridícula!

(VONDA *volta da despensa com duas xícaras na mão.*)

VONDA: O chá está pronto!
BENJAMIM: Aquela inútil da Margareth continua dormindo?
VONDA (*sem entender nada*): Continua, por quê?
BENJAMIM: O sono de Margareth é realmente pesado.
MARY: Odeio quando ela ronca. Às vezes finjo que não escuto.
BENJAMIM: Quer dizer que Margareth ronca? Nunca havia reparado!
(*Para* VONDA.) Você acredita que ela disse para Margareth,
sem ao menos Margareth perguntar, ou melhor, sem ao
menos Margareth implorar, que ela me ama?
VONDA: Claro, ela diz que te ama pra todo mundo o tempo todo.
Nunca vi tamanha necessidade de dizer que se ama alguém
quanto a necessidade que ela tem de dizer que te ama. Eu
mesma já estou cansada de ouvir que ela te ama todos
os dias.
BENJAMIM: Sério?
VONDA: Particularmente creio que não seja necessário espalhar aos
quatro ventos que se ama alguém, mas se ela acha isso
necessário, quem sou eu para julgar. Aqui está o chá.

(VONDA *entrega a xícara para* BENJAMIM *que bebe pouco a pouco do seu conteúdo.*)

BENJAMIM: Que estranho. Meu chá está com um gosto diferente.
Realmente muito bom. Nem parece chá.
VONDA: Obrigada.
BENJAMIM: Lembra-me muito uma bebida que minha mãe costumava
preparar para nós todos os dias pela manhã. Não sei o que
você colocou nesse chá, mas está realmente delicioso! Sinto-me com uma energia que há muito tempo não sentia.

byron o'neill

Não consigo sequer ficar parada. Tenho vontade de pular ou então correr sem parar. É realmente curioso. Até meu raciocínio está mais rápido. (*Para* MARY.) Você tem razão: seria uma estupidez e uma perda de tempo construirmos um barco. Talvez devêssemos simplesmente não fazer nada. Ou então, poderíamos aprender a voar como os pássaros. É isso! Se conseguíssemos movimentar nossos braços na mesma velocidade que os pássaros batem suas asas talvez fôssemos capazes de voar como eles para bem longe!

MARY: O que foi que você colocou nesse chá?

VONDA: Nada de mais. Talvez tenha exagerado um pouco no açúcar.

MARY: Nós não temos açúcar na despensa!

VONDA: Verdade? Desde quando?

MARY: Desde sempre!

VONDA: Tem certeza?

MARY: Responda-me comsinceridade: existe alguma possibilidade de você ter dado café para ela achando que era chá?

VONDA: Existe uma pequena possibilidade de eu ter confundido a garrafa de chá com a de café. Margareth vive trocando as garrafas de lugar e já não sei se a garrafa da esquerda é a de café e a da direita é a de chá ou se a garrafa da direita é a de café e a da esquerda é a de chá. Como não tenho olfato, e meu paladar não é dos mais apurados, diria que talvez eu seja incapaz de afirmar com certeza se o que servi para ela era chá.

MARY: Querida, você está bem?

BENJAMIM (*após dar cinco passos*): Começo a acreditar que papai tenha sido assassinado.

VONDA: Como assim?

MARY: Você não disse que seu pai morreu devido a sua alergia a café?

BENJAMIM: Papai costumava tomar duas xícaras de café todas as manhãs antes de ir trabalhar. Durante vários anos esse hábito fez parte de sua rotina.

VONDA: Está explicado o motivo da morte: não é aconselhável que uma pessoa alérgica a café beba tanto café durante tantos anos.

BENJAMIM:	Começo a acreditar que talvez ele não fosse alérgico a café.
MARY:	Você mesma disse que seu pai morreu ao se levantar atrasado para o trabalho e confundir uma xícara de café com uma de chá preto.
BENJAMIM:	Exatamente! Considero pouco provável que meu pai tenha confundido café com chá preto: na minha casa nunca se fez chá preto. Acredito que mamãe o tenha envenenado.
VONDA:	Sua mãe teria algum motivo para matá-lo?
BENJAMIM:	E que mulher não tem motivos suficientes para matar um homem?
VONDA:	Você tem razão.
BENJAMIM:	Eu sei.
VONDA:	Você deveria conversar com sua mãe a respeito do assunto.
BENJAMIM:	Não falamos a mesma língua.
VONDA:	Compreendo.
BENJAMIM:	Talvez a tenha interpretado mal.
MARY:	É possível.
BENJAMIM:	Você acha?
MARY:	Talvez seu pai nem esteja morto.
BENJAMIM:	Lembro-me do enterro. Foi numa terça-feira, em um cemitério ao lado de casa. Chovia muito.
VONDA:	Em plena terça-feira?
BENJAMIM:	Eu sei que é difícil de acreditar, mas garanto que sim.
VONDA:	Extraordinário!
BENJAMIM:	Ao pé da cova, com os sapatos atolados na lama, o rabino fez um discurso inflamado no qual exacerbava suas próprias qualidades e defendia com entusiasmo os defeitos do morto. A chuva escorrendo pelas faces dava a impressão de que todos choravam.
VONDA:	Que enterro memorável! Digno de um pai!
BENJAMIM:	Ninguém chorou. Nem mesmo eu. Às vezes me pergunto se ele realmente era meu pai.
VONDA:	Compreendo. Você é uma pessoa sensata.
BENJAMIM:	É o que você sempre fala. Talvez você esteja certa.
VONDA:	Entretanto, é impossível afirmar que sim.
BENJAMIM:	Você tem razão.

byron o'neill

MARY: Pode ser que tudo não tenha passado de um sonho.

BENJAMIM: Pareceu-me bastante real.

MARY: Você me parece bastante real. Entretanto, pode ser que eu esteja sonhando. Vocês podem simplesmente não existir.

VONDA: É possível.

MARY: Mas infelizmente é pouco provável.

BENJAMIM: Você tem razão.

MARY: Ou pode ser que eu não exista e vocês sim estejam sonhando. Existe ainda a possibilidade de nós três simplesmente não existirmos. Mas, mesmo não existindo, continuaríamos negando nossa inexistência. Negar a inexistência. Eis o que nos resta.

(*O bombardeio recomeça. O teatro volta a desabar. Um cano se rompe e o teatro começa a inundar.*)

MARY (*após uma pausa reflexiva*): Creio que devemos recomeçar sem Margareth. Não há mais nada a ser feito.

(*Recomeçam o ensaio da peça. A cena a seguir simula a morte de King Kong no alto de um arranha-céu e mistura trechos do discurso final do filme O Grande Ditador, de Charles Chaplin, com uma cena do filme Scarface, de Brian de Palma, em que a personagem Tony Montana, interpretada por Al Pacino, faz o chamado "discurso do homem mal" ao sair de um restaurante.* BENJAMIM *assume o papel de narradora e técnica de efeitos sonoros.* MARY — *que interpreta o papel de King Kong* — *carrega* VONDA — *que assume o papel da mocinha* — *no colo e parece fugir de uma perseguição. De repente,* MARY *coloca* VONDA *no chão, sobe no alto de uma escada e começa a bater no peito como se fosse um gorila ensandecido.* BENJAMIM *atira aviões feitos de papel na direção de* MARY, *que os agarra e os rasga com suas mãos.* VONDA *grita desesperadamente.*)

VONDA: Parem! Parem de atirar! Não há motivo para isso. Ele não representa qualquer ameaça aos seus tanques, aos seus aviões. O que vocês temem? Que ele atire uma casca de banana e os faça tropeçar? Parem de atirar! Eu ordeno que parem de atirar! Diga a eles, diga a eles o que você me disse. Diga a eles o que eles tanto se recusam a ouvir!

MARY: Sinto muito decepcioná-los, mas vocês não passam de um bando de covardes que não tem coragem de aceitar sua verdadeira condição. Vocês precisam de gente como

160 isso é para dor

nós para poderem apontar o dedo no meio da rua e dizer: "Eles são maus, eles não são seres humanos." Ao apontarem seus dedos em nossa direção vocês pensam que são bons, que são melhores do que nós. Vocês não são. Nunca serão. Eu não sei mentir. Eu sempre digo a verdade. Até mesmo quando minto. Sinto muito, mas não pretendo ser um imperador. Não é esse o meu ofício. Não pretendo governar ou conquistar quem quer que seja. Por que deveríamos conquistar ou odiar pessoas? A cobiça envenenou nossa alma, ergueu no mundo as fronteiras do ódio. Neste mesmo instante minha voz chega a milhares de pessoas pelo mundo afora... Milhões de desesperados, homens, mulheres, travestis, crianças... vítimas de um sistema que tortura, mata e encarcera aqueles para os quais os dedos são apontados. Aos que podem me ouvir eu digo: "Não desespereis! O ódio e a desgraça que tem caído sobre nós não passa de um produto do desespero dos que não conseguem aceitar a pequenez da condição humana. Não se preocupem: eles desaparecerão, os ditadores irão sucumbir. Já estão sucumbindo agora mesmo. Apenas são incapazes de perceber isso. Tudo o que retiraram de nós há de nos ser devolvido. Enquanto existirem pessoas dispostas a morrer pela liberdade a liberdade não perecerá."

BENJAMIM: Ouve-se o barulho de aviões e tiros. King Kong é ferido mortalmente. Antes de dar o último suspiro, dirige suas últimas palavras a Emely.

MARY: Emely, estás me ouvindo? Onde te encontrares, levanta os olhos! Vês, Emely? O sol vai rompendo as nuvens que se dispersam! Estamos saindo das trevas para a luz! Vamos entrando num mundo novo, um mundo melhor em que os homens estarão acima da cobiça, do ódio e da brutalidade. Erga os olhos, Emely! A alma do homem ganhou asas e afinal começa a voar. Voa para o arco-íris, para a luz da esperança. Erga os olhos, Emely! Erga os olhos!

BENJAMIM: Após dizer suas últimas palavras, King Kong cai do alto do Empire State Bulding. Os transeuntes chutam seu corpo inerte e cospem sobre seu cadáver. Estão aliviados e se

byron o'neill

sentem seguros. King Kong não é mais uma ameaça e os cidadãos podem dormir tranquilos novamente.

(*O bombardeio para interrompendo o ensaio.*)

VONDA: Não gosto de imaginar que Emely esteja morta. Sempre que me lembro dela a vejo sorrindo. Quando fecho os olhos sou capaz de ouvir sua voz.

MARY: Os seres humanos me surpreendem a cada dia. Quando penso que sou um deles sinto medo de mim mesma. É inevitável.

(*Silêncio. Voltam a descascar batatas.*)

VONDA (*observando* BENJAMIM *descascar suas batatas de uma maneira desastrada*): Não sei como até hoje você é incapaz de descascar uma batata.

BENJAMIM: Eu sou capaz de descascar batatas. Minhas batatas apenas não são tão milimetricamente bem descascadas quanto as suas.

VONDA: Se você realmente se esforçasse você seria capaz de descascar batatas tão bem quanto eu. Observe como seguro a faca com a parte afiada para dentro e a deslizo de baixo para cima sobre a casca fazendo uma espiral no sentido horário.

MARY: Já eu seguro a faca com a parte afiada para fora e vou de cima para baixo fazendo uma espiral no sentido anti- -horário. É por isso que minhas batatas estão sempre perfeitamente descascadas.

VONDA: Acredito que do meu jeito seja mais fácil.

MARY: Pois saiba que esta é a melhor maneira de se descascar batatas. Vocês poderiam aprender comigo, mas como são teimosas, acabam descascando as batatas da maneira que querem.

VONDA: A única teimosa aqui é você que não admite que a melhor maneira de se descascar batatas é da maneira que eu as descasco. Compare suas batatas com as minhas e veremos quem está com a razão.

MARY: Minhas batatas não podem, sequer, ser comparadas com as suas. Perto das minhas batatas as suas mais parecem nabos! E você sabe muito bem o que fazer com um nabo!

BENJAMIM: As batatas que vocês descascam realmente não têm comparação. Só de olhar para as batatas que vocês descascam

162   isso é para dor

tenho vontade de chorar. Parecem verdadeiras obras de arte se comparadas às pobres batatas que descasco. E que depois como. Depois que tudo acabar, vocês deveriam se inscrever num concurso para ver quem descasca melhor uma batata, em vez de ficarem discutindo isso dia após dia.

(*Pausa.*)

VONDA (*para* BENJAMIM): Você deveria colocar um avental. Desse jeito vai passar amanhã o dia inteiro tentando tirar as manchas de batata da sua roupa.

BENJAMIM: Eu não estou sujando minha roupa e mesmo que estivesse quem lava minhas roupas sou eu.

MARY: Por que você não se senta?

BENJAMIM: Estou bem assim. Gosto de ficar em pé.

(*Depois de alguns instantes,* BENJAMIM *se senta.*)

MARY (*após olhar demoradamente para a boca de* BENJAMIM): Não sei como você consegue comer batatas mesmo não tendo dentes. Batatas podem ser realmente duras.

VONDA: Nunca havia pensado nisso!

BENJAMIM: Eu desenvolvi uma técnica bastante peculiar que se consiste em morder a batata, ou uma maçã, acreditando que minha boca está repleta de dentes perfeitamente saudáveis. Acredito tão piamente nisso que é como se realmente eu possuísse dentes. Ou uma dentadura.

VONDA: Que técnica extraordinária! Você deveria nos ensinar.

BENJAMIM: Mas vocês têm dentes!

VONDA: E se por acaso um dia acordarmos sem eles?

MARY: E se amanhã pela manhã não possuirmos um dente sequer? Como poderíamos comer nossas batatas?

BENJAMIM: Caso vocês acordem um dia sem dentes na boca eu posso ensinar.

VONDA: E se você morrer de repente?

MARY: E se você morrer antes do dia em que iremos acordar sem os nossos dentes?

BENJAMIM: Vocês têm razão.

VONDA: E então?

byron o'neill

BENJAMIM: Bem, a técnica de comer batatas acreditando que a boca está repleta de dentes, ou mesmo de uma dentadura, segue o mesmo princípio de uma técnica que utilizo todos os dias pela manhã que consiste em inventar, apesar de todas as evidências em contrário, um motivo para seguir amanhecendo dia após dia. Se vocês tiverem uma maçã, posso fazer uma demonstração.

MARY: Temos apenas batatas, nada mais. Se conseguíssemos pelo menos um pouco de óleo poderíamos ter batatas fritas no almoço de amanhã. Se é que amanhã iremos almoçar.

(*Ouve-se uma sirene. O bombardeio recomeça.*)

MARY: Estamos com sorte. É a terceira vez hoje. Isso nunca aconteceu antes.

BENJAMIM: Talvez ainda haja esperança.

(*Recomeçam o ensaio. A cena simula o julgamento de uma mãe cisne acusada de matar o pai de suas filhas.* MARY *assume o papel de juíza no julgamento.* BENJAMIM *, o papel de promotora de acusação, e* VONDA *assume o papel da Mãe Cisne, ou seja, da ré. Durante o julgamento, as atrizes agem como se fossem cisnes.*)

MARY: Ordem no tribunal! Ordem no tribunal! Declaro aberta a sessão extraordinária do julgamento do caso número 5.327, mais conhecido como "Assassinato no Lago dos Cisnes". Que entre nossa ilustríssima promotora, mais conhecida como Benjamim Franklin Cisne! Ela, que nunca perdeu uma causa perante este tribunal, conhecida por sua elegância e altivez típica dos cisnes mais puros e selecionados. Uma salva de palmas por favor. (*Aplausos.*) Pois bem, que entre agora a ré, mais conhecida como Vonda Yeva Pavlov. Ela que já foi primeira bailarina do Balé Bolshói e que agora envergonha a todos nós diante das pesadas acusações que pesam sobre suas asas. Passo a palavra primeiramente para a promotoria que terá o tempo que for necessário para fazer tão grave acusação. Posteriormente a ré, que recusou a presença de um advogado, poderá apresentar sua defesa se assim desejar. Com a palavra Nossa Excelentíssima Promotora.

164   isso é para dor

BENJAMIM: Muito obrigada pelas singelas e honestas palavras, meri-
            tíssima. Senhoras e senhores, cisnes machos e cisnes
            fêmeas, peço a atenção de todos e de todas. Não se dei-
            xem enganar por esses olhos aparentemente frágeis e
            inocentes. Esta cisne, se é que assim merece ser chamada,
            matou a sangue frio, por motivo torpe e sem possibi-
            lidade de defesa, um cisne branco macho e honrado.
            Um pai dedicado que apenas cumpriu com seu dever
            de cisne ao matar a bicadas suas três filhas após perceber
            que elas não eram cisnes e sim patas. Eu sei que é difícil
            acreditar em tamanha atrocidade. Uma mãe é capaz de
            matar seu companheiro de longa jornada, seu amante,
            um cisne branco macho e honrado, simplesmente por-
            que ele matou a bicadas suas três filhas ao perceber que
            elas não eram cisnes como ele. Olhem bem para ela. Ela
            não passa de uma pata em pele de cisne. Exijo que ela se
            declare culpada de tal ato e que não seja mais conside-
            rada um cisne como nós. Exijo, ainda, que peça perdão
            perante nosso Parlamento Cisne e que implore por sua
            vida! E exijo ainda, humildemente, que não aceitem
            seu pedido de desculpas e que a condenem à morte por
            apedrejamento! Sem mais, meritíssima.
MARY: Passo a palavra para a ré que, antes de mais nada, deve se
            declarar culpada ou inocente de tão horrendo crime. A
            palavra é sua.
VONDA: Meritíssima juíza, prezada promotora, senhoras e senhores
            cisnes. Todos nós sabemos que esse julgamento não passa
            de um teatro e que já estou condenada há muito tempo.
            Afinal, sou acusada de matar um cisne branco macho e,
            segundo a prezada promotora, honrado. Declaro-me cul-
            pada não pela morte de um cisne, e sim pela morte de um
            covarde que assassinou brutalmente minhas três filhas.
BENJAMIM: Protesto Meritíssima! Exijo que a ré trate o defunto com
            o devido respeito!
MARY: Protesto aceito. Proíbo que a ré se refira ao morto com
            palavras de baixo calão e exijo que a mesma se retrate em
            respeito à memória do falecido cisne.

byron o'neill

VONDA: Se a palavra covarde é um insulto, posso chamá-lo de assassino. Ou de qualquer outro nome que considerem que seja um insulto.

MARY: Se a ré ainda nutre alguma esperança de sair viva deste julgamento sugiro que retire suas palavras e que comece agora mesmo a implorar por sua vida.

VONDA: Jamais irei implorar por minha vida perante este ou qualquer outro tribunal. Já não tenho nada pelo que valha a pena viver, mas tenho algo pelo que vale a pena morrer. Morrerei de todo modo, posso fazer da minha morte um exemplo de repúdio à covardia.

BENJAMIM: Protesto! A ré está tentando desviar o foco do julgamento e se passar por uma espécie de mártir, quando na realidade não passa de uma pata travestida de cisne que matou um cisne branco macho e honrado!

VONDA: O que queria que eu fizesse? Minhas três filhas foram bicadas até a morte pelo próprio pai, um cisne branco, porque grasnavam muito.

BENJAMIM: Eu me pergunto, senhoras e senhores: por que elas grasnavam? A resposta é simples: porque elas não eram cisnes e sim três malditas patas. E, diferentemente de nós cisnes, patas e patos não fazem outra coisa que não seja grasnar e grasnar sem parar.

VONDA: Para uma pata grasnar corresponde a falar. Três patas, três jovens patas foram mortas pelo próprio pai porque falavam muito. E eu matei esse pai. Matei um pai que matou a bicadas suas três filhas porque não queria que elas falassem, que tivessem voz. Eu me pergunto: qual atitude esperavam de uma mãe? O que vocês fariam no meu lugar? Se é necessário dar a vida por elas, que assim seja. Mas advirto o seguinte: eu tenho pena de vocês. Ao me condenarem, vocês estão condenando a si mesmos. Vocês deveriam se envergonhar. Determinadas manchas não saem por mais que se lave a roupa.

(*O bombardeio para abruptamente.*)

166   isso é para dor

BENJAMIM: Beatriz nunca demorou tanto tempo assim. O que terá acontecido?

VONDA: Se Beatriz não aparecer, em pouco tempo não teremos sequer batatas para comer.

BENJAMIM: Aos porcos as batatas. As abelhas ficam com o mel e as formigas trabalham.

VONDA: E se Beatriz não voltar? Quem irá trazer nossas batatas?

MARY: Ela vai voltar.

BENJAMIM: Está cada vez mais difícil para ela.

MARY: Está cada vez mais difícil para todo mundo.

VONDA: Talvez ela tenha desistido.

BENJAMIM: Beatriz nunca desistiria.

VONDA: Tem certeza?

MARY: Beatriz nunca desistiria.

BENJAMIM: Espero que Beatriz realmente tenha apenas um resfriado. E que se recupere logo. Seria melhor pra ela e pra gente.

MARY: Eu sinto falta, imaginem, da sopa de batatas que meu pai fazia todos os dias. Sempre soube que um dia sentiria falta da sua sopa. Se eu pudesse voltar atrás tomaria sopa com ele todos os dias. Mesmo nos dias quentes. Mesmo que estivesse um calor insuportável daqueles em que a pior coisa a se fazer é tomar sopa.

BENJAMIM: Sinto falta dos biscoitos caseiros que minha avó fazia. Apesar de diabética ela adorava biscoitos doces.

VONDA: Eu seria capaz de matar por um biscoito. Mesmo que não fosse doce.

BENJAMIM: Parece que já se passaram anos desde aquela manhã de domingo. Aconteceu tanta coisa que é como se o mundo inteiro tivesse virado de cabeça para baixo. Gostaria de poder voltar a ser. Simplesmente isso.

VONDA: Bons tempos aqueles em que éramos respeitadas. Podíamos viver como pessoas normais. Nos dias de chuva, podíamos pegar um ônibus ou escolher caminhar.

MARY: O importante é que estamos vivas. Não sei como nem por quanto tempo. Mas estamos vivas.

BENJAMIM: Você acha que um dia seremos capazes de sermos felizes novamente?

byron o'neill

MARY: Talvez. A recordação da felicidade já não é felicidade. A recordação da dor ainda é dor.

(*De repente, a luz se apaga. Escuridão total.*)

VONDA: São eles.

(*Ao fundo pode-se ouvir o som de passos que se aproximam.Vidros se quebrando, portas sendo arrombadas, apitos e gritos de comando típicos de um exército.*)

MARY: Fomos traídas!

BENJAMIM: Quem seria capaz de nos trair?

MARY: Isso já não importa. Todas nós sabíamos desde o início que tudo isso não passava de um teatro e que já estávamos condenadas há muito tempo. Nossa peça termina aqui. Não há mais nada a ser feito.

BENJAMIM: Margareth continua dormindo?

VONDA: Continua.

BENJAMIM: O sono de Margareth é realmente pesado.

VONDA: Deveríamos acordá-la.

MARY: Não, deixem que ela durma. Pelo menos uma de nós ainda pode sonhar.

BENJAMIM: O que mais me dói é arrastarmos tantas pessoas para a infelicidade.

VONDA: Pobre Beatriz! Espero que tenha um destino melhor do que o nosso.

BENJAMIM: Estamos perdidas.

VONDA: Eu não estou pronta para morrer.

MARY: Ninguém nunca está.

VONDA: A única coisa que desejo é uma morte indolor.

BENJAMIM: Talvez a morte seja uma espécie de sono. Cansamos da vida e então simplesmente dormimos.

VONDA: Tenho medo de ser esquecida.

BENJAMIM: Não sepreocupe: nossa história será contada para sempre. Nela eles serão apenas os caçadores, nada mais.

MARY: Eles desaparecerão, os ditadores irão sucumbir.

BENJAMIM: O que eu farei sem você? Eu preciso do seu colo.

MARY: Eu nunca irei abandoná-la. Eu te amo.

BENJAMIM: Não sei por que você me ama tanto.

168 isso é para dor

MARY: Porque eu preciso.

BENJAMIM: No ocaso da vida é que se conhece a resposta. A resposta é sim. Vamos abrir a porta, que eles não tenham o prazer de arrombá-la. Eles que venham com suas balas. Elas não podem nos deter.

MARY: Que nossa morte jamais saia da retina desses covardes.

VONDA: Depois de dar meu último suspiro, hei de gritar. Como nunca gritei antes. Vocês são minha testemunha. (*Mais obstinada.*) Eu juro que nunca mais ficarei calada novamente! Nunca mais! Antes de morrer, hei de gritar! Como nunca gritei antes. Mesmo que tenha de morrer pelo meu grito, vocês são testemunhas de que eu nunca mais ficarei calada novamente! Nunca mais!

MARY: Enquanto existirem pessoas dispostas a morrer pela liberdade, a liberdade não perecerá!

BENJAMIM: Nossa história será contada para sempre. Nela eles serão apenas os caçadores, nada mais.

VONDA: Antes de morrer, hei de gritar. Como nunca gritei antes!

MARY: Eu te amo.

(*Ouve-se um grande estrondo. O teto do teatro desaba, soterrando os espectadores.*)

FIM.

Graduado em Artes Cênicas pela UFMG, **Byron O'Neill** é um dos idealizadores, ao lado de Bárbara Bof, do FETO – Festival Estudantil de Teatro, que teve a primeira edição em 1999. Estreou como diretor e roteirista no ano de 2003 com *Curta-Metragem Metalinguístico de Baixo Orçamento ou Aceita Mais Café?*, sendo premiado em vários festivais. Trabalhou em diversas produções audiovisuais exercendo as mais variadas funções. Dirigiu e escreveu trabalhos de destaque na cena teatral contemporânea mineira como *5 Cabeças à Espera de um Trem* e *Cachorros Não Sabem Blefar*, da Cia 5 Cabeças, e *Isso É Para Dor*, da Primeira Campainha.

João e Maria

Raysner de Paula

Vem, me dê a mão! A gente agora já não tinha medo. No tempo da maldade, acho que a gente nem tinha nascido.

Chico Buarque

Brevíssimo Prólogo

JOÃO: Houve um dia em que eu segurei firme a sua mão. E nós corremos. Corremos como nunca! Corremos como loucos! Corremos! Corremos tanto que nenhuma palavra foi capaz de nos alcançar. Nenhuma, nenhuma, nenhuma! Por isso, naquele dia, nem eu, nem ela, soubemos dar um nome para aquilo que borboleteava dentro dos nossos peitos.

Cena 1

MARIA: Do começo, João.

JOÃO: Quando Maria me conheceu...

MARIA: João já contava quatro anos de idade...

JOÃO: Eu era um meninão.

MARIA: Não me lembro disso.

JOÃO: A mãe que falou.

MARIA: Falou nada, João.

JOÃO: Claro que falou.

172   joão e maria

MARIA: Falou que dia?
JOÃO: Dia desses...
MARIA: João...!

(*Instante.*)

JOÃO: Tudo de novo! Do começo, Maria...
MARIA: Quando João me conheceu.
JOÃO: Eu já contava quatro anos de idade.
MARIA: João já era um meninão.
JOÃO: Viu? Não disse?
MARIA: Disse o quê?
JOÃO: Que eu era um meninão.
MARIA: Disse sem saber!
JOÃO: Claro que eu sabia.
MARIA: Sabia nada, João. Você só contava quatro anos! E quando
         a gente conta quatro anos não tem como depois a gente
         saber se o que a gente conta de quando contava quatro
         anos é verdade ou coisa da nossa cabeça.

(*Instante.*)

MARIA: Do começo!

(*Brevíssimo instante.*)

JOÃO: As coisas eram mais simples, Maria.
MARIA: Porque você só contava quatro anos, João.
JOÃO: Isso! Foi quando eu só contava quatro anos que a parteira
         gritou:
MARIA: Corre, João, vem ver a Maria!
JOÃO: Você lembra?
MARIA: Nadica de nada! Eu tinha acabado de nascer.
JOÃO: E aí eu corri...
MARIA: Correu, correu, correu!
JOÃO: Corri como nunca tinha corrido na vida.
MARIA: Pulou a cerca do quintal sem ver.
JOÃO: Atropelei o cachorro velho.
MARIA: Se estrepou todo nas roseiras da mãe, mas fez que nem
         sentiu.

raysner de paula

JOÃO: Pisei nuns cinco pés de couve da horta.

MARIA: De um salto só, pulou a janela do quarto da mãe.

JOÃO: E lá estava você

MARIA: Pequenininha!

JOÃO: Mais pequenininha do que agora.

MARIA: Miudinha, miudinha, miudinha!

JOÃO: A mãe disse que você veio antes do tempo.

MARIA: Disse nada!

JOÃO: Disse sim.

MARIA: Disse quando?

JOÃO: Dia desses!

MARIA: João!

JOÃO: Maria veio antes do tempo. Igual manga verde que despenca do pé antes de amadurecer. Mas pra mim ela não veio antes do tempo não. Demorou foi é muito pra chegar. Naquele tempo, que nem faz tanto tempo, nem dormir eu dormia de tanta vontade de ver a Maria. Ficava sentado, olhando pra mãe, com os olhos de menino aguado. E eu gostava tanto daquilo. Da mãe, da Maria dentro da mãe e de uma brisa faceira que passava lá em casa todo fim de tarde.

Cena 2

MARIA: Mas eu que não acredito em mais um pinguinho dessa sua história, João.

JOÃO: Mas ó! É assim mesmo, Maria.

MARIA: Como é que eu to caminhando para esse lugar pra lá do lado de lá do rio se vem dia e passa dia e eu continuo parada neste mesmo chão de terra?

JOÃO: É porque, por essa estrada, a gente vai é carregado!

MARIA: Carregado por quem, João?

JOÃO: A mãe dizia que era pelo tempo, Maria.

MARIA: E a mãe sabia disso como?

JOÃO: Não sei, Maria. Às vezes foi a mãe da nossa mãe que escutou a mãe dela falar dessas coisas, e aí um dia a mãe da

174

join e maria

mãe da nossa mãe resolveu contar pra ela que era assim que acontecia e tal e coisa e coisa e tal.

MARIA: Então o tempo não sabe o que é saudade, né, João? Porque ele caminha tão devagarzinho que parece que ele nem quer que a gente tope com o pai e com a mãe.

JOÃO: Sei lá se é isso...

MARIA: Então o que que é?

JOÃO: Sei não. Não tive tempo para perguntar pra mãe.

MARIA: E o pai?

JOÃO: Que tem o pai?

MARIA: Fala um pouco do pai.

JOÃO: Tenho muito pra falar dele não.

MARIA: Só que ele está pra lá do lado de lá do rio.

JOÃO: Bem pra lá.

MARIA: Do lado de lá que fica pra lá do bem depois.

JOÃO: Subindo o morro, antes da árvore, vira a direita e vai direto...

MARIA: E ainda sim você vai estar longe de estar perto!

JOÃO: É aí que falta muito pra andar.

MARIA: Que canseira!

JOÃO: Canseira da brava! Já me disseram que nem o trem passa lá!

MARIA: Nem o trem?

JOÃO: Nem o trem!

MARIA: Nossa Senhora!

JOÃO: Ah! Essa vai!

MARIA: Nossa Senhora?

JOÃO: É.

MARIA: Mas não vai de trem.

JOÃO: De trem não.

MARIA: Tadinha da santa... Vou até acender uma vela pra ela.

(*Breve instante.*)

MARIA: Ela deve andar noite e dia!

JOÃO: Deve.

MARIA: Dia e noite sem parar!

JOÃO: É estrada demais!

raysner de paula

MARIA: Esta vela é pra alumiar o caminho da santa e os passos dela no escurinho nesta noite. Amanhã eu acendo outra. E depois, mais outra. Outra... Outra.

JOÃO: A santa vai ficar satisfeita com você.

MARIA: E o pai?

JOÃO: O pai também!

MARIA: Mas como é que o pai vai ficar sabendo?

JOÃO: A santa conta pra ele.

MARIA: Nossa Senhora conversa com o pai?

JOÃO: Deve conversar. A santa, além de andadeira, deve ser boa de prosa.

MARIA: Hum... E leva quantas noites para chegar lá?

JOÃO: Lá onde.

MARIA: No lugar onde o pai tá?

JOÃO: Disso eu não sei não.

MARIA: E agora? Como é que eu vou saber que já não precisa acender vela pra alumiar os caminhos da santa? Nossa Senhora! Vai ser uma confusão das grandes se eu deixar a santa no escuro, João.

Cena 3

JOÃO: Foi nesse tempo que eu achei que a santa, por ser santa, daria um jeito. Um jeito de andar no escuro sem precisar das velas da Maria, um jeito de falar com o pai daquela menina que outro dia mesmo não passava de um pingo de gente e hoje já era essa Maria que o tempo – sempre o tempo – usava para brincar de esculpir a mãe. Ah! Foi neste tempo também que eu achei que a santa daria um belo de um jeito para nunca deixar que também a Maria fosse pra longe de mim...

MARIA: Ideia de jerico essa sua, João!

JOÃO: Vai saber.

MARIA: Ocupando a santa com coisa à toa!

JOÃO: Ó, né, não!

MARIA:	Ó, é, sim!
JOÃO:	Mas vai que um dia…!
MARIA:	Que não é hoje.
JOÃO:	Pois então! Vai que um dia, que não é hoje, você resolva…
MARIA:	Resolvo nada.
JOÃO:	Vai saber.
MARIA:	Ideia de jerico.
JOÃO:	Eu ficaria aqui para sempre.
MARIA:	Para sempre?
JOÃO:	Para sempre!
MARIA:	Para sempre é muito tempo. É o tempo todo.
JOÃO:	Que é que tem?
MARIA:	Tanto chão de terra neste mundo, João! Tanta coisa que deve ter por aí… Imagina como deve ser lá do outro lado do rio…
JOÃO:	Nem um pouco diferente do que é deste lado de cá.
MARIA:	Você não sabe.
JOÃO:	Sei sim.
MARIA:	Sabe como?
JOÃO:	A mãe me disse…
MARIA:	João!
JOÃO:	Viu! Eu não disse?
MARIA:	Disse o quê?
JOÃO:	Que qualquer dia você resolve e ó…
MARIA:	A gente bem que podia resolver e ó, juntos!
JOÃO:	Eu e você do outro lado do rio?
MARIA:	Já pensou, João?
JOÃO:	E deixar essa casa?
MARIA:	A casa já tem tamanho pra se virar sozinha.
JOÃO:	Você acha?
MARIA:	Conversei com ela.
JOÃO:	Com a casa?
MARIA:	A própria!
JOÃO:	E ela, o que te disse?
MARIA:	Rangeu um pouco as tábuas, mas por fim concordou comigo.
JOÃO:	De verdade?

raysner de paula

MARIA: Verdade verdadeira...

(*Instante.*)

JOÃO: Se é assim, qualquer dia desses...
MARIA: Juntos!
JOÃO: A gente...
MARIA: Ó!
JOÃO: Essa coisa toda me deu uma sede das grandes. Tanta sede que eu beberia o rio!
MARIA: Nossa mãe!
JOÃO: Nossa mãe o quê?
MARIA: É água demais, João!
JOÃO: E o que é que tem?
MARIA: Você ia ficar com uma barriga do tamanho do mundo!

(*Breve instante.*)

JOÃO: Do mundo?

(*Brevíssimo instante.*)

JOÃO: Já pensou se minha barriga fosse do tamanho do mundo...?
MARIA: Que é que tem?
JOÃO: Aí eu poderia devorar o mundo! Já pensou?
MARIA: Eu nunca pensei nisso não.
JOÃO: É isso: a partir de agora eu quero devorar o mundo!
MARIA: Nossa mãe!
JOÃO: Nossa mãe o quê?
MARIA: Já pensou?
JOÃO: Pensou no quê?
MARIA: Num passarinho!
JOÃO: Que é que tem um passarinho?
MARIA: É um passarinho que você não devorou quando devorou o mundo!
JOÃO: Pior que não vai caber mais nada no meu barrigão!
MARIA: Nem o passarinho?
JOÃO: Nem ninguém.
MARIA: O passarinho é uma passarinha!
JOÃO: Mas não cabe também!

178   joão e maria

MARIA: E ela saiu pra buscar comida para os seus pequenos...

JOÃO: Que é que eu faço?

MARIA: Aí, quando voltou, você tinha devorado o mundo com tudo!

JOÃO (*preocupado*): Até os pequenos!?

MARIA: Tudo no seu barrigão!

JOÃO: Que é que ela vai fazer?

MARIA: Bicar o seu barrigão!

JOÃO: Mas não pode não!

MARIA: Mas mãe é mãe e você sabe como é!

JOÃO: Sei não!

MARIA: Então eu vou te contar!

JOÃO: Não sei se eu quero saber!

MARIA: Ela vai bicar o seu barrigão para tentar salvar os pequenos!

JOÃO: E eu vou estar tão grande, mas tão grande, que vou parecer um balão!

MARIA: Um balãozão!

JOÃO: Do tamanho do mundo!

MARIA: E quando ela der a primeira bicadinha...

JOÃO: Não quero saber não!

MARIA: Mãe é mãe e você sabe como é!

JOÃO: Na primeira bicadinha...

MARIA: Era uma vez o balãozão!

JOÃO: Tudo pelos ares.

MARIA: Tudo: mundo, barriga e os passarinhos da passarinha!

JOÃO: Nossa mãe! Esse negócio de querer devorar o mundo assim, de uma vez só, é muito perigoso.

MARIA: Nossa mãe!

Cena 4

João e Maria brincam de ser o pai e a mãe deles mesmos nos textos em itálico.

JOÃO: E o que será que ela diria?

MARIA: A mãe?

raysner de paula

JOÃO:	A mãe.
MARIA:	Talvez... *Você viu os meninos, Felício? Vão sair para o outro lado do rio.*
JOÃO:	E o pai responderia: *Que ideia de jerico!*
MARIA:	*Ideia de jerico é ficar nesta casa com tanto chão de terra neste mundo afora!*
JOÃO:	*Aposto que isso é ideia sua.*
MARIA:	*Isso é do coração dos meninos, Felício.*
JOÃO:	*Sei, sei.*
MARIA:	Você acha que o pai ficaria bravo desse tanto?
JOÃO:	Sei não, viu, Maria.
MARIA:	Pergunta pra ele.
JOÃO:	Pergunta você.
MARIA:	Você é homem igual o pai. Vai lá: pergunta!
JOÃO:	O pai gosta mais de você. Vai lá!
MARIA:	Tem nada disso, João! Isso é coisa da sua cabeça.
JOÃO:	Se fosse coisa da minha cabeça eu não via com os olhos, Maria.
MARIA:	Ai, ai, João! Então eu pergunto! Pai?
JOÃO:	[...]
MARIA:	Pai?
JOÃO:	[...]
MARIA:	João!?
JOÃO:	O pai era de pouca conversa, Maria.
MARIA:	Vou falar com ele outra hora então!
JOÃO:	Insiste de novo.
MARIA:	Pai?!

(*Instante.*)

JOÃO:	*Que foi Maria?*
MARIA:	Deixa que outra hora eu falo, pai!
JOÃO:	Fala de uma vez, Maria!
MARIA:	O pai deve estar cansado, João!
JOÃO:	*E esse fuxico aí?*
MARIA:	Não é fuxico não, pai!
JOÃO:	*Pode ir tirando o cavalinho da chuva se for essa ideia de jerico do João de ir embora e te levar junto.*

180   joão e maria

MARIA: Ideia do João?
JOÃO: Minha?
MARIA: Não é do João, não, pai!
JOÃO: *E eu não conheço esse aí? Nasceu com a cabeça virada igual a mãe dele.*
MARIA: A mãe tinha cabeça virada, João?
JOÃO: O pai que inventou essa história. Tudo dele era isso. A mãe ficava pê da vida quando ele falava que a gente era assim.
MARIA: *Nem eu nem o menino temos a cabeça virada, não, ouviu, Felício?*
JOÃO: *Ah não tem! Olha a ideia dele, Constância! Além de ir pro lado de lá, quer arrastar a menina com ele.*
MARIA: A ideia não é do João, não, pai!
JOÃO: O pai teimaria que era coisa da minha cabeça, Maria.
MARIA: Teimaria nada.
JOÃO: *Conheço esse moleque.*
MARIA: A ideia não é do João, não, pai! A ideia é da santa!
JOÃO: Ficou maluca, Maria? Colocar a santa no meio?
MARIA: Nossa Senhora quem colocou isso no meio das nossas ideias, pai.
JOÃO: *Que Nossa Senhora o que, menina?! Tá ficando pancada da cabeça também?*
MARIA: Uai, pergunta pra ela!

(*Instante.*)

JOÃO: Como que pergunta pra santa, Maria?
MARIA: Ué, João. Você é quem disse que ela e o pai vivem de prosa.
JOÃO: Mas não sei se eles têm essa intimidade toda.
MARIA: *Não aporrinha tanto as ideias, não, João!*
JOÃO: A Maria, mãe, que inventou uma história danada para o pai.
MARIA: *E o seu pai?*
JOÃO: Acho que não sei se ele acreditou nisso que ela disse pra ele não.
MARIA: *Essa Maria!*
JOÃO: Pois é! Essa Maria!
MARIA: *Cada história!*
JOÃO: Ontem mesmo nem falava.
MARIA: *Miudinha, miudinha, miudinha.*
JOÃO: Só era de fazer um berreiro que dava dó!

MARIA: *Dia e noite, noite e dia.*

JOÃO: E agora já tem cada ideia na cabeça que… Nossa Senhora!

MARIA: *Essa Maria!*

JOÃO: Disse pra ela que você me disse que lá do lado de lá é a mesma coisa que aqui do lado de cá.

MARIA: *Eu não te disse isso, não, menino!*

JOÃO: A Maria sabe!

MARIA: Claro que eu sei, João.

(*Instante.*)

Cena 5

JOÃO: E o pai respondeu alguma coisa?

MARIA: Só que era pra eu falar com a mãe.

JOÃO: Assim, só isso?

MARIA: Sem mais nem menos!

JOÃO: *Sei de nada não, menina. Pergunta lá pra sua mãe.*

MARIA: Viu? Sem tirar nem pôr.

JOÃO: Ah, Maria. Isso é invenção da sua cabeça.

MARIA: E o que é que não é?

JOÃO: As coisas fora desta casa. Do outro lado do rio. São bem diferentes. Bem diferente de como está aí, na sua cabeça.

MARIA: Isso que é invenção da sua cabeça, João.

JOÃO: O pai vivia dizendo pra mãe que lá do lado de lá as coisas não eram bem assim, Maria…

MARIA: Você está ficando igual ele, João!

JOÃO: Igual?

MARIA: Pior que ele.

JOÃO: Pior por quê?

MARIA: *Que que é isso aí, João?*

JOÃO: Nada não, mãe!

MARIA: Pior que o pai!

JOÃO: Você nem conheceu o pai!

MARIA: Mas aposto que ele era medroso que nem você!

JOÃO: Medroso é uma pinoia, Maria!

MARIA: Medroso de uma pinoia esse João!

JOÃO: Vou te mostrar agora quem é medroso...

MARIA: *João!*

JOÃO: Senhora?

MARIA: A gente só tá conversando, mãe. Não é briga, não!

JOÃO: *E isso é jeito de irmão conversar?*

MARIA: Se você não quer ir, eu vou sozinha!

JOÃO: Quem disse que eu não quero ir?

MARIA: Sua cara!

JOÃO: Invencionice sua!

MARIA: Então quero ver a gente sair daqui agora!

JOÃO: Agora?

MARIA: Neste tic-tac do relógio!

JOÃO: Neste?

MARIA: Este já foi. No próximo!

JOÃO: Então é neste?

MARIA: Neste!

JOÃO: Naquele?

MARIA: Pode ser.

JOÃO: Mas naquele tic-tac não dá. O tempo é coisa que só cami-
           nha de ida! Como é que a gente faz?

MARIA: Ai que já nem sei mais!

(*Instante.*)

JOÃO: As coisas eram mais simples, né, Maria?

MARIA: Deve ser porque a gente já não conta mais apenas quatro
           anos, João!

Cena 6

JOÃO: E o tal bolo, Maria?

MARIA: Que bolo, João?

JOÃO: Uai, o bolo, Maria!

MARIA: Ah! O bolo!

raysner de paula

JOÃO: Pois é, o bolo!
MARIA *(alarmada)*: Ai! O bolo!

(Instante.)

JOÃO: Mais um pouquinho e ele...
MARIA: Quase!
JOÃO: Nossa Senhora! Ainda bem que a gente...
MARIA: Ô! Ainda bem! Se não...
JOÃO: Quase!

(Instante. *Os dois se encaram. Riem.*)

MARIA: Receita da mãe. Coisa antiga.
JOÃO: Tá cheirando!
MARIA: Fiz pra gente levar pro outro lado do rio.
JOÃO: Qualquer dia desses.
MARIA: No dia que a gente ó!
JOÃO: Menina danada.
MARIA: Vai que a fome aperte.
JOÃO: Mais que a saudade...
MARIA: Ô! Se mais!
JOÃO: Mais do que tudo!
MARIA: Por isso um bolo!
JOÃO: Coisa antiga.
MARIA: Receita da mãe.
JOÃO: O pai que gostava...
MARIA: *Fiz pra Felício.*
JOÃO: *Um bolo pra mim?*
MARIA: Neste tempo, acho que a gente nem tinha nascido.
JOÃO: *Precisa se aporrinhar com essas coisas não, Constância.*
MARIA: *Fiz com gosto, Felício. Come uma provinha.*
JOÃO: Coisa antiga.
MARIA: Receita da mãe!
JOÃO: Diz a mãe que o pai era um homem bom.
MARIA: *Homem direito, trabalhador.*
JOÃO: Até prometer que qualquer dia faria a mãe feliz ele prometeu!
MARIA: Prometeu até que levava a mãe pro outro lado do rio.
JOÃO: *Qualquer dia desses, Constância!*

MARIA:	E a mãe, João, você sabe se foi?
JOÃO:	Algum dia para o outro lado do rio?
MARIA:	Feliz com a vida ao lado do pai?
JOÃO:	Ah, Maria! Bem que chegou um dia que os olhos da mãe diziam que não.
MARIA:	E foi neste dia que ela fechou os olhos para descansar?
JOÃO:	Foi neste dia que ela fechou os olhos para o lado de cá e conheceu o que tinha de mais bonito no pra lá do lado de lá.
MARIA:	Que fica depois do rio.
JOÃO:	Que fica depois do morro.
MARIA:	Perto da árvore seca.
JOÃO:	Bem pra lá da primeira direita.
MARIA:	Onde nem se vê mais a reta.
JOÃO:	Nem a descida.
MARIA:	Nem poeira da estrada.
JOÃO:	Do outro lado do rio.
MARIA:	Depois desta porta, do outro lado dessas paredes.
JOÃO:	Escuta, Maria!
MARIA:	Que foi?
JOÃO:	É aquele seu tic-tac do relógio! Você lembra?

(*Instante.*)

MARIA:	É agora aquele nosso agora, João!
JOÃO:	Agora?
MARIA:	Para sempre.
JOÃO:	Pega seu bolo, Maria!
MARIA:	Deixa isso pra casa, João! Vem! Desce do colo do tempo e corre.
JOÃO:	E a casa?
MARIA:	Eu já te disse que ela se vira sozinha. Corre!
JOÃO:	Segura minha mão, Maria.
MARIA:	Nó que tanto de estrada. Estrada que não acaba mais.
JOÃO:	Nó que tanto de mundo!
MARIA:	É mundo que não acaba mais.
JOÃO:	Oh! Escuta!
MARIA:	Isso é o rio?

raysner de paula

JOÃO: É o nosso rio!

(Instante. Na beira do rio.)

JOÃO: E então: para o outro lado, Maria?
MARIA: Te vejo por lá, João!

(E início.)

FIM.

Para as minhas Marias,
Helena Paula
Helaine Freitas
e Maria Paula.

Sou **Raysner de Paula**! Gosto muito de inventar histórias: desde sempre, desde antes de eu ser gente de teatro. Em 2004, com quatorze anos, passei a frequentar o curso de iniciação teatral e a participar das peças que inventávamos em Betim, cidade onde fui criado. Depois, em Belo Horizonte, cursei a Licenciatura em Teatro, na UFMG, e me tornei um dos fundadores do grupo Mamãe Tá na Plateia. Nele experimento, de diversas formas, as minhas invencionices dramatúrgicas. Em 2013, com *João e Maria*, fui um dos vencedores do prêmio Jovens Dramaturgos, promovido pelo Sesc. Hoje, trabalho e pesquiso teatro transitando entre os papéis de dramaturgo, ator e professor de jovens e crianças.

O Leão
no Aquário

Vinícius Souza

Do autor:
Uma peça do Lagarce.
Um curta do Zbigniew Rybczyński.
Uma casa outra, nova.
Trinta e sete graus.

Ao Leo.

Um único ato. Um homem e um só lugar.

Personagens:
Homem
Mãe
Mulher
Amigo
Filho

Um homem, o HOMEM, aquele do qual falamos, aquele que olha e fala para o público como quem fala para si mesmo, está parado, olha para frente. Ao fundo: uma senhora, a MÃE, está sentada, olha para o HOMEM; uma mulher, a MULHER, anda devagar de um lado ao outro enquanto observa o lugar. Um outro homem, o AMIGO, está encostado numa porta (a saída deste lugar?) e fuma, olha as horas constantemente. Um menino, o FILHO, corre pelo lugar, às vezes senta, está inquieto, às vezes vai até o homem e tenta ver o que ele olha. Ouvem-se alguns sons do lado de fora desse lugar. Ouve-se alguém batendo na porta algumas vezes.

HOMEM (falando para si mesmo – para o público?): O que
        está acontecendo?

(Pausa.)

HOMEM: Era essa a pergunta: O que está aconte-
        cendo? O que se passa?

(Pausa.)

*   *   *

MÃE: Você não vai trocar essa camisa?
MULHER: Tem alguém batendo na porta!

190   o leão no aquário

FILHO: Pai, eles estão te olhando.

(*Pausa.*)

                        *   *   *

HOMEM: Era exatamente essa a pergunta.

(*Pausa.*)

                        *   *   *

MÃE: Você não vai trocar essa camisa?
MULHER: Que horas são?

(MÃE *diz as horas exatas.*)
(*Pausa.*)

                        *   *   *

MULHER: Um café?
HOMEM: O que está acontecendo?
AMIGO: Pode fumar aqui?
MÃE: Meu filho, você não vai trocar essa camisa?
HOMEM: Eu estou bem assim.
MÃE: Você vestiu essa mesma camisa ontem.
AMIGO: Você se importa se eu fumar aqui?

(*Pausa.*)

                        *   *   *

MULHER: Eu não vou demorar. Eu só queria deixar algumas coisas.
AMIGO: Tem alguém batendo na porta!

vinícius souza 191

MULHER: Você tem alguma coisa pra dizer?

* * *

HOMEM: Era essa a pergunta. Eu estava parado perguntando a mim mesmo: O que está acontecendo? Eu estava parado, num outro lugar – um novo lugar – depois de tudo o que aconteceu. E a pergunta me vinha como um susto. Isso! Um susto. Eu me perguntava: O que está acontecendo?

(*Pausa.*)

* * *

FILHO: Pai, eles estão te olhando!
MULHER: Está muito quente!
MÃE: Você vai ficar com essa camisa?
FILHO: Ele gosta dessa camisa. Não é, pai?
AMIGO: Pode ou não pode fumar aqui?
MULHER: Você ficou deprimido. Foi isso que aconteceu.
AMIGO: Disseram que você voltou a fumar.
MÃE: Vai vestir essa mesma camisa todo dia agora?
AMIGO: Está fazendo muito calor.
MÃE: Esse calorão e você repetindo camisa.
HOMEM: Eu me perguntava: O que está acontecendo?
MÃE: Troca essa camisa!
HOMEM: Eu estou bem assim.
MÃE: Você não está bem, não!
AMIGO: Eu vou abrir a janela!
MÃE: Você está fedendo.
HOMEM: Fedendo?!
MÃE: Está! Cheiro de roupa repetida!
HOMEM: Eu estou fedendo?
AMIGO: Eu tô mais longe. Não tá dando pra sentir.
MÃE: Mas de perto dá!

192   o leão no aquário

FILHO: Você está fedendo.
HOMEM: Fica quieto.
MÃE: Eu vou lavar essa camisa.
HOMEM: Não precisa. Eu estou bem assim.
AMIGO: Alguém quer um copo d'água?

*   *   *

HOMEM: Um susto. Um espanto. Eu estava assustado, perplexo.
FILHO: Perplexo?!
HOMEM: Como é que eu posso te explicar…?!
FILHO: O que é perplexo?
HOMEM: Eu não sabia exatamente o que se passava. Eu estava ali, parado, de frente para uma parede branca que ainda cheirava à tinta nova, mas aquilo não fazia sentido algum. Era estranho.

*   *   *

AMIGO: Eu vou buscar um copo d'água!
MULHER: Está fazendo muito calor!
MÃE: Tira essa camisa que eu vou lavar ela pra você.
FILHO: Você tá fedendo.
HOMEM: Fica quieto.
MULHER: Nunca fez tanto calor.
HOMEM: Eu estou bem assim.
MULHER: Com o calor?
HOMEM: Não. Com a minha roupa.
MÃE: Tira que eu vou lavar pra você.
HOMEM: Não precisa, mãe.
MÃE: Precisa e ponto. Me dá essa camisa.

(O HOMEM tira a camisa.)

FILHO: Você vai ficar pelado aqui?
MÃE: Ele só vai tirar a camisa.

vinícius souza

FILHO: Eu também quero ficar pelado aqui.
MÃE: Você não precisa. Não inventa moda!
FILHO: Eu também tô fedendo!

                    *   *   *

HOMEM: Ali, à direita, um corredor.
AMIGO: Eu gostei da casa. É espaçosa.
HOMEM: As portas dos quartos. A maçaneta que eu precisaria con-
           sertar. Alguns azulejos trincados.
AMIGO: A luz é boa.
HOMEM: A luz. Eu precisaria aprender a trocar lâmpadas.
MÃE: Os quartos são muito pequenos.
HOMEM: Os quartos eram pequenos. Os vizinhos faziam muito baru-
           lho. O último morador esqueceu uma planta no corredor.
MULHER: Por que você não fica com essa planta?
MÃE: Ele não sabe cuidar de planta.
HOMEM: As janelas eram grandes. Delas vinha uma boa corrente
           de ar. A vista era boa. Dava pra ver a serra.
MULHER: Era lá, não era?
HOMEM: Era lá que eu queria morar. No alto de uma serra, onde eu
           pudesse ver a cidade de longe. Onde eu pudesse compreen-
           der, pelo menos um pouco, esse estranho funcionamento.
HOMEM E MULHER: Dizem que de longe a gente pode ver com mais clareza!
HOMEM: Você está me imitando?
MULHER: Entender melhor a estrutura…
HOMEM: Você está me imitando?!
MULHER: Calculista demais!
HOMEM: O que é que você queria?
MULHER: Você está magro.
FILHO: Pai, eu também quero ficar sem camisa.
MÃE: Você emagreceu. Você tinha que comer mais.
HOMEM: Eu sei. Eu estou tentando.
FILHO: Pai, eu também quero ficar sem camisa.
MÃE: Tempo não é desculpa pra não comer.
AMIGO: Por isso você não saía mais com a gente?

HOMEM:	O quê?
AMIGO:	Por isso você não jogava mais bola com a gente?
FILHO:	Pai? Pai?
HOMEM:	Por isso o quê?
AMIGO:	Por isso você não saía mais com a gente. Porque você estava fraco.
MULHER:	Ele não está fraco, ele está magro.
FILHO:	Pai, eu quero ficar sem camisa.
MÃE:	Ele está fraco sim. Ele não come, não faz exercício, não faz nada!
FILHO:	Pai, eu quero tirar a camisa.
HOMEM:	Pronto, tira a camisa!
AMIGO:	Mas você deixou de sair com a gente.
FILHO:	Pai, eu vou ficar magro como você?
HOMEM:	Magro, fraco e sem tempo.
MÃE:	Não fala assim com ele.
AMIGO:	Você é muito isolado do mundo.
MÃE:	Ele sempre foi um pouco assim.
AMIGO:	Mas ele saía com a gente antes.
MÃE:	O pai dele também é assim. Isso é coisa do pai dele.
MULHER:	Mas você não era assim.
MÃE:	É genética que eles chamam isso.

* * *

HOMEM:	Depois eu teria que organizar as roupas, os móveis, conhecer a síndica, gravar o novo CEP.
FILHO:	Pai, o que é perplexo?
AMIGO:	Gravar o quê?
HOMEM:	O novo CEP, endereço. Dar um jantar para os amigos, criar intimidade com as paredes, entulhar coisas e mais coisas. Um dia chegar com um cachorro, reformar o banheiro, chegar bêbado e brigar com o porteiro.
MÃE:	Chegar o quê?
HOMEM:	Chegar bêbado!
MÃE:	Bêbado?!

vinícius souza

HOMEM: Bêbado, depois de uma festa, de uma noite.
MÃE: Seu filho tem alergia a cachorro, você sabe disso!
HOMEM: Mas tudo isso, depois. Bem depois. Nesse exato momento eu estava parado. Estava sozinho parado no meio da nova casa.

*   *   *

MÃE: Você precisa de um rumo. Precisa de uma atividade. Seu pai agora tem problema do coração porque fez pouca atividade na vida.
FILHO: Mas ele é gordo.
MÃE: Ele foi ficando gordo.
FILHO: E feio.
HOMEM: Fica quieto.
MULHER: Você ficou mal com tudo o que aconteceu. Foi isso, não foi?
HOMEM: Eu não fiquei mal.
AMIGO: Mas se afastou de todo mundo.
MÃE: Parou de sair, de comer, de lavar a roupa... Você se esqueceu de todo mundo. Você some. Você não dá notícias. Não liga.

*   *   *

HOMEM: E eles me foram aparecendo assim, me surgindo aos poucos. Me aparecendo como estranhos que invadissem os meus cômodos. Estranhos e íntimos. Eles e aquela força brutal que exerciam sobre mim. Cruéis e delicados. Quanto amor. Quanta fúria. Quanta história. E eu, eu estava parado. Simplesmente parado.

*   *   *

196   o leão no aquário

FILHO: Pai, me responde: O que é perplexo?

HOMEM: Tem a ver com ficar sem reação...

MÃE: Quando é que você vem ver a gente, hein?

HOMEM: A mãe era uma mulher que aos poucos ia sendo engolida pelas plantas que ela própria molhava.

MÃE: Foi sua irmã que te disse isso, não foi?

HOMEM: O quê?

MÃE: Essa história das plantas. Sua irmã inventa coisas sobre mim. Fala demais.

HOMEM: Cada dia tem mais plantas nessa casa, mãe. Olha isso!

MÃE: Você devia voltar pra cá. Agora que...

HOMEM: Eu tenho as minhas coisas lá.

MÃE: Você não tem mais nada lá.

HOMEM: Os cachorros!

MÃE: Está vendo? Eles ainda lembram de você.

HOMEM: Eu queria levar os cachorros pra morar comigo!

MÃE: Esses você não tira daqui, não! A sua irmã é muito apegada. Aquele ali um dia engoliu o remédio do seu pai, ficou andando tonto pelo quintal. Sua irmã ficou desesperada.

FILHO: Pai, eu quero um cachorro!

*   *   *

HOMEM: Os cachorros latem muito. Os cachorros sabem do estranho que eu sou ali.

MULHER: Na casa da sua mãe!

HOMEM: É! Eu me tornei um estranho lá!

MÃE: Você acredita que ele vomitou?

HOMEM: Eles latem como quem pede que eu deixe tudo em paz. Que eu não toque em nada. Que eu deixe aquele lugar no seu envelhecimento natural. Sem querer esmiuçá-lo demais. Eu não devia ter vindo.

MÃE: Vomitou durante três dias. Seu pai não quer pagar mais veterinário. Falou que o cachorro já está velho. Que é uma bobagem gastar dinheiro com isso agora.

FILHO: Coitadinho!

AMIGO: Você não devia ter ido lá! Pra que deixar a sua mãe preocupada?

FILHO: Pai, vamos levar o cachorro doente?

* * *

HOMEM: Eu não devia ter voltado. Era como se aquele lugar e aquelas pessoas precisassem ficar protegidas, guardadas num lugar intocável. Deixar só as mudanças do tempo.

* * *

MÃE: Sua irmã vai casar!

HOMEM: Decidiram?

MÃE: Agora decidiram. E vai ter festa. Mas já está dando dor de cabeça. Primeiro, porque não sabiam se queriam uma festa mesmo ou uma viagem pros Estados Unidos. Decidiram pela festa. Agora sua irmã inventou que não vai convidar todas as tias. Você sabe que se convida uma e não convida outra dá confusão. O seu pai já ficou chateado com isso. Outro dia teve um ataque de novo. Vai ter que operar. Seu pai sente muito a sua falta. Você não liga.

* * *

HOMEM: E o pai tem problemas cardíacos. A mãe tem cálculo nos rins. A família tem um cálculo na sala de estar.

FILHO: Pai, eu quero um cachorro!

AMIGO: Você não ouviu sua avó dizendo que você tem alergia?!

* * *

o leão no aquário

MÃE: Você tem que decidir com quem vai entrar na igreja. Sua irmã quer que você seja padrinho. E ela quer que os padrinhos usem uma roupa diferente que ela viu na internet. São todos usando a mesma cor, mas de tons, tonalidades diferentes. Ela vai te explicar. Falou que se você não tiver dinheiro ela te ajuda a comprar.

HOMEM: Ela sabe que eu não gosto muito dessas coisas.

MÃE: Que coisas?

HOMEM: Essa história de ser padrinho de casamento.

MULHER: Quem vai entrar com você na igreja?

MÃE: Você não acredita em Deus, não é?

HOMEM: Pra que falar disso agora, mãe?

MÃE: É por isso que você está assim.

HOMEM: Assim como?

MÃE: Nessa magreza toda.

* * *

HOMEM: Fiquei sabendo que a tia Bete não vai ser convidada!

MÃE: De novo sua irmã com essa história. Eu já disse que seu pai não pode ouvir isso.

HOMEM: E elas brigam.

MÃE: Não é uma briga!

HOMEM: Brigam porque sabem no fundo que assim tornam-se mais íntimas. Por segurança.

MÃE: Você com essas filosofias suas. Isso é livro demais. Seu pai fica perguntando se você ainda fica lendo esses livros.

FILHO: Pai, perplexo é uma alergia?

HOMEM: Sim. Eu ainda fico lendo esses livros.

MÃE: Seu pai fica preocupado com você. Eu também fico.

HOMEM: Eu já estou velho, mãe.

MÃE: E o medo?

HOMEM: Eu também sinto medo.

FILHO: Pai, perplexo é uma alergia?

HOMEM: Perplexidade!

FILHO: Perplexidade é uma alergia?

vinícius souza

MÃE: Eu estou sozinha aqui. Daqui a pouco a sua irmã também vai embora.

HOMEM: Você plantou mais uma samambaia no banheiro, mãe?!

MÃE: Uma hora os cachorros também vão morrer.

HOMEM: Pra que tanta avenca?

MULHER: Sua mãe sempre gostou de avenca!

MÃE: Essa casa está velha. Essa casa vai cair e seu pai vai fugir. Vai levar a televisão com ele e vai me deixar aqui.

HOMEM: Isso não vai acontecer, mãe.

MÃE: E eu já não tenho pernas pra correr. Como é que eu vou fazer?

HOMEM: Você não vai precisar correr.

MÃE: Eu não vou ter pernas porque Deus sabe que eu devia continuar aqui. Que eu não devia fugir.

HOMEM: O que é que Deus sabe, mãe?

MÃE: Que eu não devia ter pernas. Deus me conhece.

HOMEM: Deus conhece quem, mãe?!

MÃE: É por isso que você está nessa magreza toda. Você devia voltar. Agora que...

HOMEM: Eu não posso.

MÃE: Fica mais um pouco.

HOMEM: Eu preciso ir.

MÃE: Eu vou separar umas coisas pra você levar.

* * *

AMIGO: Eu vou buscar um copo d'água.

MÃE: Não precisa.

AMIGO: Tá muito quente.

FILHO: Pai, por que a vó tá chorando?

MÃE: Por nada.

FILHO: Vó, você é muita velha e ainda chora.

* * *

200   o leão no aquário

MÃE: Fecha o portão! Não deixa os cachorros saírem!
HOMEM: Eu deixo a casa que envelhece. Eu deixo as infiltrações.
         Eu deixo porque também tenho medo que aquela casa
         caia sobre mim. Que eu seja um sobrevivente. Eu acho às
         vezes que eu sou o mais forte e que, então, eu seria aquele
         que suportaria a destruição. Às vezes, eu tenho medo de
         sobreviver. Então eu saio.

                          *   *   *

MÃE: Você devia voltar mais. Você chega e já vai embora!
HOMEM: Eu vou tentar.
AMIGO: Você tá mesmo fedendo.
HOMEM: Você também.
AMIGO: Como assim?
HOMEM: Você fede a cigarro.
AMIGO: O quê?
HOMEM: Suas roupas, seu hálito. Tem cheiro de cigarro.
AMIGO: Te incomoda?
HOMEM: Não. Me dá um cigarro!
AMIGO: Me falaram que você voltou a fumar.
MÃE: Eu já disse que eu não quero que você volte a fumar!
FILHO: Pai, eles te olharam perplexos!
HOMEM: Quem?
FILHO: Você chegou fumando e eles te olharam perplexos!

                          *   *   *

HOMEM: Eu estava parado e isso foi o suficiente. O que é que estava
         acontecendo?

                          *   *   *

MULHER: Eu não sabia que você tinha voltado a fumar.

vinícius souza   201

HOMEM: Você passou a saber de poucas coisas.

MULHER: Eu te procurava, mas foi você que não queria mais me ver.

HOMEM: Para com esse barulho.

FILHO: O quê?

HOMEM: Eu precisava de um tempo sozinho.

MULHER: Isolado?

HOMEM: É. Isolado. Distante, um pouco distante. Para com esse barulho.

FILHO: O quê?

HOMEM: Esse barulho! Você pode parar?!

MULHER: Não precisa falar assim.

FILHO: Parei!

HOMEM: Você precisa se comportar melhor. Precisa me obedecer quando eu pedir alguma coisa.

FILHO: Eu não estou fazendo nada.

*   *   *

HOMEM: Uma das professoras reclama que eu chego fumando. Talvez eu seja um péssimo pai. Eu chego atrasado. E meu filho nunca penteia o cabelo.

FILHO: Eu não gosto.

MÃE: Você acostumou mal ele.

HOMEM: Ele é uma criança. Pra que pentear o cabelo?

FILHO: Eu não quero pentear o cabelo.

MÃE: Uma hora vai ter que pentear.

FILHO: Nem quero entrar.

HOMEM: Você precisa entrar.

FILHO: Eu não quero.

HOMEM: Não é uma questão de querer. Você tem que entrar.

FILHO: Pai, eu não quero. Por favor.

HOMEM: Eu sei que você não está gostando. Mas daqui a pouco você vai gostar.

FILHO: Não vou, não.

HOMEM: Agora está chato. Mas começa assim mesmo.

202   o leão no aquário

FILHO: Eu vou voltar pra casa.

                            *   *   *

HOMEM: A verdade é que eu também queria voltar pra casa.
FILHO: Pai, por que você não volta pra casa?
HOMEM: A verdade é que é um saco esperar que a gente se acos-
           tume, esperar que o ambiente se torne favorável. E o meu
           filho, mais que todos, sabe disso. Porque é da sua idade
           não ter paciência. Ele não tem. Ele vai espernear no chão.
FILHO: Não vou, não.
HOMEM: Você sempre esperneia.
FILHO: Mas hoje eu não vou!
HOMEM: Você sempre esperneia!
FILHO: Eu estou esperneando?!
HOMEM: Por que você não esperneia?!
FILHO: Eu não quero!
HOMEM: Por que hoje você não está esperneando?
FILHO: Pai?!
HOMEM: Por quê? Por quê?
FILHO: Pai?!
HOMEM: O que é que você quer de mim, hein?! Hein?!
FILHO: Pai, você está esperneando.

                            *   *   *

HOMEM: E eu, como um bom pai, vou dizer que ele precisa apren-
           der. Vou segurar seu braço, olhar sério como quem diz:
           "Olha pra mim, eu já aprendi. A vida é assim. É preciso
           esperar." E ele vai acreditar.
FILHO: Pai, você está esperneando.
AMIGO: Olha pra você!
MÃE: Levanta do chão, meu filho!
FILHO: Pai, eles estão te olhando.
AMIGO: Você se atrasa.

vinícius souza   203

HOMEM: Eu me atraso pra não ter que esperar!
AMIGO: Você fuma.
HOMEM: Filho, não fume como seu pai.
FILHO: O quê?
HOMEM: Agora você precisa entrar.
FILHO: Eu não quero.
HOMEM: Olha lá seus colegas!
FILHO: Pai, se você me obrigar a entrar eu vou ficar perplexo!
HOMEM: Você cismou com essa palavra!
FILHO: Foi você quem disse.
HOMEM: Você nem sabe o que significa!
FILHO: Pai, eles estão te olhando!
HOMEM: Então é melhor você entrar.
FILHO: Por que você não entra comigo?
HOMEM: Porque eu sou adulto.
MÃE: Você não coloca regras!
HOMEM: Mas um dia eu tive que entrar também, quando eu tinha
          a sua idade.
FILHO: Pai, eu queria espernear agora.
HOMEM: Eu também.
FILHO: De novo, pai?!

                        *   *   *

AMIGO: Alguém está batendo na porta.
FILHO: Pai, alguém está chamando.
HOMEM: Quem é?
MÃE: Nós não sabemos quem é.
HOMEM: Eu estava sozinho, parado. Mas estava tudo correndo. Era
          isso. Era sobre isso que eu queria falar.
MULHER: Estão chamando na porta.
HOMEM: Só um minuto. Era isso. Era esse o ponto. Estava tudo
          correndo.
MULHER: Você não vai atender?
HOMEM: Tudo corria muito rápido.
MULHER: Você não está ouvindo?

204   o leão no aquário

HOMEM: Tudo estava assustadoramente rápido.
AMIGO: Alguém precisa abrir a porta.
HOMEM: O que acontece quando uma coisa, algo está muito rápido?
MULHER: Você não vai abrir a porta?
HOMEM: O que acontece quando alguma coisa está numa veloci-
          dade muito rápida?
FILHO: Pai?
HOMEM: Essa era a questão. Era sobre isso que eu queria falar.
AMIGO: Você consertava computadores.
HOMEM: Sim, eu trabalhava com isso.
AMIGO: Você perdeu seu emprego, ficou sem saber o que fazer.
HOMEM: Eu perdi muitas coisas. O emprego foi uma delas.
AMIGO: Você devia esfriar a cabeça.
HOMEM: E o que é que estamos fazendo aqui?
AMIGO: Uma cerveja!

                        *   *   *

HOMEM: É um dia quente. A cidade anda muito quente. A gente se
          cansa. Tem muito morro. Aqui se anda um quarteirão e
          já está cansado.

                        *   *   *

AMIGO: E agora? O que é que você vai fazer?
HOMEM: Eu ainda não sei.
AMIGO: Você podia tirar a barba.
HOMEM: Por quê?
AMIGO: Você sabe.
HOMEM: Não sei não.
MULHER: Você fica melhor sem barba!
HOMEM: Você me trocou por um homem mais barbudo que eu!
AMIGO: Pode te ajudar.
HOMEM: Eu não vou fazer isso.
FILHO: Quando eu vou ter barbas?

vinícius souza

AMIGO: Você não vai conseguir nada assim.
HOMEM: A gente pensa diferente.
MULHER: Você pensa diferente de todo mundo!
AMIGO: Por isso você está assim.
HOMEM: Assim como?
AMIGO: Desse jeito. Aos trancos!
FILHO: O que é "aos trancos"?!
HOMEM: Minha lógica é outra.
AMIGO: Você tem esse papo, mas no final tem que pagar as contas como todo mundo!
HOMEM: Como assim?
AMIGO: Daqui a pouco você pega um livro e vai dizer que isso é que é importante na vida.
HOMEM: Quantos livros você já leu?
AMIGO: Não sei.
HOMEM: Um, dois?
AMIGO: Sete!
HOMEM: Sete livros?!
AMIGO: Podia não ter lido nenhum.
HOMEM: Não ia fazer diferença, não é?
AMIGO: Não adianta fugir tanto assim.
HOMEM: Fugir do quê?
AMIGO: Não sei dizer direito. Do mundo.
HOMEM: Eu não estou fugindo.
AMIGO: Você tenta fugir. Você finge que foge.
HOMEM: Eu não entendi.
AMIGO: Em algum momento você precisa fazer parte disso tudo.
HOMEM: Disso tudo o quê?
AMIGO: Disso que você acha que é o banal da vida.
HOMEM: Consertar computadores?
AMIGO: Oito!
HOMEM: O quê?
AMIGO: São oito! Eu li oito livros!
HOMEM: Isso não tem a menor importância. Até imagino o que você deve ter lido.
AMIGO: Pode me chamar de alienado.
HOMEM: Eu não estou te chamando de nada!

206   o leão no aquário

AMIGO: Você também vai atrás da passeata sem saber muito bem
           o que ela quer!

                          *   *   *

HOMEM: É isso. Quando vejo, eu já estou indo atrás da passeata
           sem saber muito bem o que ela quer. Indo atrás do bloco.
           Vou indo atrás da fila. Indo atrás da procissão. Vou atrás de
           onde tem gente, de onde tem gente que vai ver a gente.
           Você também!
AMIGO: Por que você não vai embora?
HOMEM: Ele também estava atrás da passeata, do bloco.
AMIGO: Ficar aqui é perda de tempo.
HOMEM: Atrás da fila!
AMIGO: E você reclama muito de tempo.
HOMEM: Sair também era uma maneira de me enfiar na fila. Que
           fila era essa que eu me enfiava?
AMIGO: Você devia sair daqui!

                          *   *   *

HOMEM: Embora pra onde?
AMIGO: Pra qualquer lugar. Aqui é muito pequeno.
MULHER: Aqui é muito pequeno!
HOMEM: Como é que você está fazendo então?
AMIGO: Eu estou indo.
HOMEM: Por que não vai embora?
AMIGO: Eu estou falando isso com você porque você não sabe
           muito bem o que quer.
HOMEM: Eu quero ficar aqui.
AMIGO: Não sabe muito bem o que quer, não é?!
HOMEM: Lá fora está pior.
AMIGO: Pior?
HOMEM: É, estão em crise. Não tem emprego.

vinícius souza   207

AMIGO: Não tem emprego, mas tem, como é que é… qualidade
          de vida.
HOMEM: O quê?
AMIGO: Lá é diferente. Lá eles têm cultura!
HOMEM: Sei…
AMIGO: É! Te dar um exemplo: lá eles não deixam jogar ponta de
          cigarro assim no chão, não!
MULHER: Ele tem essa mania! Fazia isso quando a gente morava junto.
MÃE: Que mania?
MULHER: Ponta de cigarro em qualquer canto!
HOMEM: Eu vou continuar aqui.

                          *   *   *

AMIGO: Não esquece da gente. Você ficou distante.
HOMEM: Eu precisava disso um pouco.
AMIGO: Você voltou a fumar.
HOMEM: Ansiedade.
AMIGO: Volta a jogar futebol.
FILHO: Pai, vamos jogar futebol?
MULHER: Você devia fazer alguma atividade.
MÃE: Voltar a sair com os seus amigos.
HOMEM: Alguma atividade?
MULHER: É. Pra aliviar o peito.
HOMEM: Ele já está melhor.
MULHER: Eu trouxe essas coisas. Eram suas. Você esqueceu.
HOMEM: Acho que podem ficar com você.
MULHER: Por onde você andou?
HOMEM: Eu só quis ficar sozinho um pouco.
MULHER: Você acabou sozinho demais.
HOMEM: Me fez bem.
MULHER: Você quer falar alguma coisa?
FILHO: Pai, eles estão te olhando!

                          *   *   *

208   o leão no aquário

HOMEM: E havia sim. Sempre mais alguma coisa a ser dita.
MULHER: O que é que havia?
HOMEM: Mais uma palavra que agonizava na garganta. E outra. E
          outra. Talvez elas precisassem mesmo secar ou nunca esta-
          ríamos prontos para outras palavras. Como se de alguma
          forma, aquelas, as últimas, entupissem o gargalo.
FILHO: Gargalo?!
HOMEM: Não deixassem que outra coisa passasse. Era melhor que
          secassem então.
MULHER: Que secassem?
HOMEM: É. Que morressem. Depois, esqueceríamos delas. Elas pas-
          sariam a não existir mais.
MULHER: É disso que você tem medo?
HOMEM: Sim, era disso. Era disso também! Medo de ver morrer
          aquelas palavras, de me esquecer delas.
MULHER: Que engraçado.
HOMEM: O quê?
MULHER: Querer esquecer e, ao mesmo tempo, com medo disso.

                          *   *   *

HOMEM: E não é assim?! Num ponto de táxi, ela chora. Enquanto
          eu penso no baiacu.
FILHO: Baiacu é uma alergia?
HOMEM: Não, baiacu é um peixe. Um peixe que tem uma memó-
          ria muito curta. Ele se esquece de tudo em fração de
          segundo. Precisa a todo o momento reaprender como se
          alimenta, como se nada, em que direção se vai. Ele não
          se compromete.

                          *   *   *

MULHER: Ele não pode se comprometer. É da sua natureza.
HOMEM: Pra que falar de peixe agora, não é?

vinícius souza

MULHER:	Você se entristeceu.
HOMEM:	Eu queria ter notícias suas.
MULHER:	Eu estou bem.
HOMEM:	Eu sei que você está bem.
MULHER:	Então por que pergunta?
HOMEM:	Não sei.
MULHER:	Podemos tomar um café quando quiser.
HOMEM:	Você pintou o cabelo.
MULHER:	Pintei.
HOMEM:	Você não gostava dessa cor antes.
MULHER:	Que cor?
HOMEM:	Essa cor de cabelo. Caramelo.
MULHER:	O quê?
HOMEM:	Não é caramelo a cor do seu cabelo agora?
MULHER:	Não. Isso não é caramelo.
MÃE:	Que cor é essa do seu cabelo?
HOMEM:	Hum. Eu não entendo mesmo de cor de cabelo.
MÃE:	A Bete pintou o cabelo com uma cor parecida!
MULHER:	Você ficou magro.
HOMEM:	É, eu emagreci.
MULHER:	Nós ficamos sem assunto, não é?
HOMEM:	Nós fingimos que estamos sem assunto.
AMIGO:	Querem que eu entre no meio dessa conversa?
HOMEM:	Não, não precisa!
MULHER:	Você vai aceitar o café?
HOMEM:	Seu táxi.
MULHER:	E se você aceitasse?
HOMEM:	Não sei. Eu prefiro não pensar nisso.
MULHER:	Você tem medo. Você se protege.
HOMEM:	Não. Você se protege.
MULHER:	Você ainda gosta de café expresso?
HOMEM:	Eu não mudei nada.
MULHER:	Com pão de queijo.
HOMEM:	Isso é falta de assunto?
MULHER:	Isso o quê?
HOMEM:	Isso de relembrar o que cada um gosta.
MULHER:	Vai aceitar o café?

210   o leão no aquário

HOMEM: Pra quê? Pra lutar contra a falta de assunto?
AMIGO: Querem que eu entre nessa conversa?
HOMEM: Já disse que não precisa!
MÃE: Eles são adultos. Eles que se entendam!
MULHER: Se esqueceu que a gente é que finge que está sem assunto?
HOMEM: Do que você está falando?
MULHER: De nada. Você já se esqueceu.
HOMEM: Os peixes, não é?
MULHER: O baiacu!
HOMEM: O peixe sem memória!
MULHER: Ele não se compromete.
FILHO: É uma alergia?
MÃE: Fica quieto!
MULHER: O táxi não vai esperar a vida toda.
HOMEM: Eu poderia ter atravessado a rua.
MULHER: Quantas coisas poderíamos ter feito?
HOMEM: Muitas.
MULHER: Por que não fizemos?
HOMEM: A diferença é que você acha que não fizemos.
MULHER: Quando quiser um café me fala.

                        *   *   *

HOMEM: Um taxista nos ouvia. Talvez ele não estivesse nem aí para
          o que estávamos falando. Talvez estivesse. Não importava.
          Mas o táxi estar ali era crucial para tudo o que fosse acon-
          tecer em seguida. Se não houvesse táxi nenhum...
FILHO: Crucial tem a ver com o quê?!
MULHER: E se não houvesse táxi nenhum? Se eu não estivesse com
          pressa?
HOMEM: Você estava com pressa?
MULHER: Não sei.
HOMEM: Se houvesse um café nessa mesma esquina, ali, com cadei-
          ras vazias, talvez tivéssemos sentados para uma conversa.
MULHER: Por que a gente não senta pra tomar um café?
HOMEM: Porque não havia. Não havia café nenhum por ali.

vinícius souza

MULHER: Deve haver. Um café qualquer, em algum lugar perto dali.
HOMEM: O que é que aconteceu?
MULHER: Não vai aceitar o café?
AMIGO: Um cigarro?
MÃE: Me falaram que você voltou a fumar.
MULHER: Não vai aceitar o café?
HOMEM: Era sobre isso. Era sobre isso que eu queria falar.
FILHO: Pai, você fala demais.
MÃE: E esse calor que não acaba nunca....
MULHER: Era sobre isso. Que nada está estático. Era isso.
MÃE: Sua camisa.
MULHER: Tão rápida, tão veloz que parecem estar paradas.
MÃE: Veste sua camisa.
FILHO: Ele gosta dessa camisa.
MULHER: Não vai aceitar o café?
AMIGO: Vai ficar por aqui?
HOMEM: Eu estava parado, de frente para uma parede branca, no
          meio da nova casa.
FILHO: Pai, você está atrasado.
MÃE: Está muito quente.
MULHER: Tem alguém batendo na porta.
HOMEM: A parede ainda cheirava a tinta nova.
FILHO: Pai, depois você reclama.
HOMEM: Alguém batia na porta.
MULHER: Que calor!
AMIGO: Tem alguém batendo na porta!
MULHER: Você não vai atender?
HOMEM: Eu logo precisaria atender a porta. Consertar a maçaneta.
          Decorar o novo CEP.
AMIGO: O novo o quê?
FILHO: Pai, vem!
HOMEM: O novo endereço. Decorar o novo endereço. Fazer um
          jantar para os amigos.
MÃE: Você não sabe cozinhar. Não inventa moda!
HOMEM: Visitar a mãe. Lembrar dos cachorros latindo na minha
          cabeça. Comprar um terno com uma tonalidade diferente.
MÃE: Sua irmã vai te ligar!

212   o leão no aquário

MULHER: E o café?

HOMEM: Correr atrás da passeata.

AMIGO: Mesmo sem saber...

HOMEM: Mesmo sem saber muito bem o que ela quer!

FILHO: Pai? Pai?

MULHER: Esquecemos do café?

HOMEM: Tomar um café. Tomar um café.

AMIGO: Um cigarro?

MÃE: Você devia parar de fumar.

FILHO: Pai?

MULHER: Tem alguém batendo na porta!

HOMEM: E eu estava parado. Parecia que eu estava parado.

AMIGO: Tem alguém batendo na porta!

HOMEM: Que as coisas estavam paradas.

FILHO: Pai?

HOMEM: As coisas. As paredes. O chão, o teto. Que tudo estava parado.

AMIGO: Eu vou abrir a janela!

HOMEM: Eles. Vocês.

AMIGO: Eu vou abrir a janela.

HOMEM: Mas tudo estava em movimento. Num impressionante movimento.

FILHO: Pai?

HOMEM: E assim eles foram sumindo.

MULHER: Alguém quer um café?

HOMEM: Eles foram sumindo, desaparecendo, como um trem que passasse.

FILHO: Pai?

HOMEM: Desaparecendo, voltando ao particular movimento de cada um.

MULHER: Eu vou fazer um café.

MÃE: A porta!

FILHO: Pai?

MULHER: Eu vou fazer um café. Atende a porta!

HOMEM: Enquanto eu, parado, de frente para uma parede branca, me preparava para o dia.

AMIGO: A porta!

MÃE: Sua camisa.

* * *

HOMEM: Era isso. Estava tudo correndo. Por isso fazia tanto calor.

(*Ele, o* HOMEM, *abre a porta.* Black-out.)

Um Anexo

Eu não sei. Não me perguntem. Talvez eu devesse saber, afinal é sobre mim que ele parece dizer. Mas eu não sei. Talvez seja mesmo uma coisa meio óbvia. Um bicho da savana tentando viver na água. Tentando respirar sem possuir, como é mesmo?, brânquias. Brânquias. Tentando nadar sem nadadeiras. Então talvez seja isso: um espaço inadequado para aquele bicho. Um bicho tentando sobreviver num lugar que não é o seu. Não adianta: ali ele não vai conseguir rugir, nem correr, nem caçar. Não sei se ele vai conseguir se adaptar. Talvez não. Não é da sua natureza aquilo ali. Talvez ele morra, e isso seja o mais natural. Ou talvez ele sobreviva e comece ali uma geração de um novo bicho, felinos adaptados ao ambiente aquático. Evolução, sabe? Essas coisas, Darwin. Mas não é nada disso. Não é absolutamente nada disso. Isso é meio óbvio. A verdade é que eu realmente não sei. Eu não sei. Eu sei que um dia eu pensei num leão. Um dia imaginei um, aqui, nesta sala, dentro daquele aquário. Foi só isso. Foi uma coisa da minha cabeça, só isso. Eu fiquei aqui pensando num leão que estivesse enfiado, apertado, dentro desse aquário. Pensei primeiro que ele estivesse dormindo. É, eu sei, não faz muito sentido. Mas é imaginação. Não tem muito sentido mesmo. Eu imaginei que ele estivesse primeiro dormindo. E olhando de fora podia-se ver toda a sua pelugem, todos os pelos daquela juba se movimentando na água, como algas. Sabe? Algas marinhas, essas coisas. Bem assim, levemente, delicadamente se movimentando na água.

(*Gestos de uma alga marinha.*)

Eu imaginei ele num sono profundo. Dormindo. Mas de repente ele acorda. E quando ele acorda, ele percebe que está num aquário. Num aquário de peixinhos. Pequeno, desses aquários de casa mesmo. Ele acorda. E aí ele sente falta de ar, ele se rebate, ele tenta se mexer, tenta sair dali, pelo menos levantar a cabeça. Pelo menos respirar da maneira como ele sabe respirar. E é desesperadora essa cena. Imagine só: um leão tentando sair de um aquário. Batendo as patas descontroladamente. Contorcido na água. E aqueles dentes, aqueles dentes enormes, afiados, pra que servem agora? Toda aquela habilidade pra correr, pra pular sobre uma presa, de nada adiantaria agora. O leão se debate, se contorce de tal modo que não se consegue mais ver claramente o que se passa. Porque a água já não está tão transparente mais, há bolhas, há espuma. Tudo isso num aquário bem pequeno, bem pequeno. Foi isso o que eu imaginei. Foi só isso. Me veio não sei por que esse acontecimento na minha cabeça. Não faz muito sentido.

(*Ele pensa.*)

Quando o leão consegue sair do aquário, ele morre.

FIM.

Vinícius Souza é dramaturgo, ator, diretor e produtor cultural. Mestrando em Teatro pela UFMG, com pesquisas na área de criação e compartilhamento de dramaturgia contemporânea. É idealizador e coordenador do Janela de Dramaturgia, junto com Sara Pinheiro. Com Assis Benevenuto, coordena o Ateliê de Dramaturgia de BH, o Núcleo de Pesquisa em Dramaturgia do Galpão Cine Horto e a Javali, primeira editora mineira dedicada à publicação de escritas teatrais. Dentre seus últimos textos, estão *Três Tigres Tristes* e o monólogo *Bestiário*. Recursos metalinguísticos e performativos compostos ao drama têm sido sua estratégia criativa para tratar de conflitos do contemporâneo.

Silvia
e Os
Outsiders,
ou
Canção
Bandeirosa
Irracional
n. 6

Marina Viana

Uma entrevista.

PERGUNTA: Silvia por Silvia

SILVIA: Eu sou a verdade do cerrado.

PERGUNTA: Você está no cerrado neste momento?

SILVIA: Não saberia dizer.

PERGUNTA: Você está no Brasil?

SILVIA: Não posso dizer...

PERGUNTA: Há quanto tempo você está desaparecida?

(*SILVIA não fala.*)

PERGUNTA: Ok. Ok... Vamos dar continuidade à entrevista. Critica seus próprios trabalhos?

SILVIA: Na verdade, meus trabalhos não passam de uma análise extremamente produtiva, não no sentido marxista de produtividade, mas levando em conta a produção em excesso de fumaça do cigarro industrializado. Levando mais em conta ainda o fato de que os críticos têm medo de mijar fora do penico, e cagam de medo do palco. E o palco nada mais é que a síntese da glória e do ridículo, uma vez que o *glamour* da

218   silvia e os outsiders, ou canção bandeirosa irracional n. 6

echarpe de Duncan a matou. Mas esse é o preço que se paga por querer dirigir um fusca tradicional e não um carro com direção hidráulica. O fusca morre na baliza… Não, não é confortável. Viver é desconfortável demais.

PERGUNTA: O que é o amor?

SILVIA: E eu sei lá o que é o arroz? Um grão, que vira pão, *is all you need*, mas nem só de pão vive o homem, e independentemente do arroz, do amor e do português, a língua lusitana é a nossa língua pátria, o tupi é só opcional, e o nhenhenhê é uma palavra tupi que diz bastante sobre o amor em alguns momentos, mas não o define. Bem como saudade, que provavelmente é um sentimento universal, mas só existe em português. O que diz muito sobre a MPB, já que a partir do momento em que a saudade foi incorporada em solo brasileiro, o sangue lusitano com certa dose de lirismo além da sífilis, claro, traduz-se a miscigenação da palavra em dor de corno.

PERGUNTA: O seu trabalho é a coisa mais importante de sua vida?

SILVIA: Vivo sem trabalhar há anos. O que significa que meu trabalho é não trabalhar para alguns, mas tenho incessantemente sofrido os augúrios da mente ociosa na presença do diabo.

(RONNIE VON, *SILVIA* 20 H DOMINGO)

marina viana

Silvia e Os Outsiders,
ou Canção Bandeirosa Irracional n. 6.

Série de cartas, manifestos, choros de SILVIA *para* BEE,
uma pintura dos anos de 1930 e um poema da Júnia.

Prólogo

SILVIA *só,* num porão. SILVIA *é só uma ou são muitas. Ou são três.*[1]

SILVIA I: Falo na língua de um simplório experiente que obvia-
mente não passa de uma Pollyana pomba de Woodstock
histero-histriônica que chora excessivamente.

SILVIA III: Isso se passa num bar, dentro da minha cabeça e, plagiando
Leminski, uma grama depois, porque sem isso eu não sou
articulada e estaria chorando. E só.
Meus amigos:

SILVIA II: Não. Meu corpo não é o mesmo. E minha buceta fala. Não
que ela seja minha cabeça de baixo, como é costume se
dizer do sexo oposto. Mas ela fala. E é mal resolvida. E
aí? Arre com todos os bem resolvidos de perto de mim.
(arre: do Ár. arrih, grito para estimular os camelos. interj.,
expressão para incitar as bestas a caminhar.)

SILVIA I: Visto a camisa. Não tenho escolha.

SILVIA III: Sabe Chaplin? *Tempos Modernos*: ele pega uma bandeira vermelha que caiu de um caminhão no chão. Acena com a
mesma para o caminhão. Acena. Acena. Surge por de trás
dele uma imensa passeata com cartazes com dizeres como
"strike" etc. Carlitos é preso como líder comunista.

SILVIA I: Isso é dar bandeira, Bee... Isso é dar bandeira.

SILVIA III: Silvia.

1. Bee escuta.

220   silvia e os outsiders, ou canção bandeirosa irracional n. 6

Capítulo Zero

SILVIA *são* muitas. BEE *escuta.*

SILVIA II: Onde estará Silvia von Harden ?

SILVIA III: Sylvia von Harden, jornalista e escritora cujo verdadeiro
nome era Silvia Lehr, encarna a imagem da modernidade
alemã, de uma parte desta Alemanha weimariana em que
fervia o melhor e o pior da modernidade, em um ambiente
de excitação quase apocalíptica.

SILVIA II: Em que se vivia entre crise e crise, entre guerra e guerra,
sem pensar no porvir. Quando em 1926, Otto Dixx cru-
zou com Sylvia von Harden e soube que estava diante
da imagem do seu tempo. Foi uma visão perturbadora a
dessa jovem afundada num vestido feio, com um rosto
novo, andrógino e moderno. Tenho que pintá-la! Pensou
entusiasmado, certo de estar vendo uma obra irrepetível.
O quadro está no Pompidou. (*Um poema, bee escuta.*)
Meu nome não tem ipsilone! (*Resposta de* SILVIA *para Júnia
Pereira.*)
Deus está solto e mora comigo, dizem. Mora comigo.
Os ratos me acompanham, e moram comigo.
Eu sou uma esponja.
América! Eu te dei tudo e agora eu não sou nada.
América, não me enche o saco.
Brasil, mostra a sua cara
Cazuza tinha a língua presa.
E eu votei na Dilma.
Agora não se fala nada.
Todos os poetas cantam do hospício.
É preciso ser absolutamente moderno.
Vaibicho. Desafinar ocorodoscontentes
Ocorodoscotentes. Ocorodoscontentes.
Sim, sou capitu!
Eu sou inocente, ainda que culpada.
Bentinho era um bosta.
Machinho de merda.

marina viana

Aprendeu retórica.

Essa mania.

Essa mania de convencer os outros pelo método!

Mulher é desdobrável.

Eu sou! Ainda que *gauche*.

E gênio. Gênio? Você sabe. Esse papo de *nerd* português do século passado.

Retrasado.

Carrego comigo um troço de culpa e um traço de glória.

Por que você não escreve a sua *Madame Bovary*?

Porque só aquela *Madame Bovary* que deu certo, porra!

"Os tempos mudam, Hilda", disse Lady Gaga.

Enfim:

Perder tempo. Gritar e rolar no asfalto feito uma primitiva.

Podem vaiar!! Vaia de bêbado não vale.

Me desclassifiquem.

Quanto a mim, a voz tão rouca, fico por aqui comparecendo aos atos públicos, teatrinho com temática ambiental, um dia de monja, Joplin, de puta, um dia madre Teresa de Calcutá.

As armas chegarão amanhã sem falta! Vai ser bonita a festa, pá.

Ninguém vai me impedir de cantar "Don't Smoke in Bed" em cima de um piano de calda!

Ô! Psiu! É com você mesmo, Bee.

Deus está solto. Uuuuuuuuuuuuuuuu. (*Camisa de Vênus*, SILVIA.)

Capítulo 1

SILVIA também é narradora, BEE escuta.

SILVIA III, de cima de um banquinho, alcança uma pequena janela com grades, a única do cômodo onde vive. Ali existem paredes escritas, um colchão, um amplificador com microfone. Ela grita para fora.

222   silvia e os outsiders, ou canção bandeirosa irracional n. 6

SILVIA II: Vai te fudê! Você é uma bicha de merda! Você não sabe meu lado ocidental. Eu sou uma besta! Soy una esponja! Sorbo la idiossincrasia del mundo y el tabaco!

Capítulo 2

SILVIA *também é rubrica.* BEE *lê.*

SILVIA III *(sentada em cima do amplificador, com o microfone na mão, canta, e simula vaias):* Silvia é marginal.

SILVIA: Uuuuuuuuuuu.

SILVIA III: Silvia é *old school.*

SILVIA: Uuuuuuuuuuu.

SILVIA III: Silvia é a vanguarda de fraldas.

SILVIA: Uuuuuuuuuuu.

SILVIA III: Não vote Silvia!

SILVIA: Uuuuuuuuuuu.

SILVIA III: Seja Silvia, seja herói!

SILVIA: Uuuuuuuuuuu.

SILVIA III: Silvia é *outsider!*

SILVIA: Uuuuuuuuuuu.

*(*SILVIA *também é contracena.* BEE *não responde.)*

Capítulo 3

SILVIA *escreve para* BEE. *Na parede de seu cômodo.*

SILVIA I: Navontadedeaçambarcaromundocomaspernaseacabarpor-recriálonascoxas! No fim de tudo, ainda: I *wanna be a rock star.*

SILVIA II: No fim de tudo, ainda: I *wanna be a rock star.* E o que uma garota pobre como eu pode fazer senão tocar numa banda

marina viana

de rock? Eu me tornei atriz porque era dispersa demais pra tocar violão. Mesmo porque o violão não pode aparecer mais que o meu belo quadril. Rebolo. *Please to meet you.* Aqui é Silvia, Bee. Te cuida.

Capítulo 4

SILVIA *também quer gritar, correr, rolar no asfalto.*[2]

SILVIA I: Aqui quem fala é Silvia, Bee. As armas chegarão amanhã, sem falta. Ninguém vai me impedir de cantar "Don't Smoke in Bed", deitada num piano de cauda. A repetição faz este sapo pular. Não tomo remédios. Serotonina trabalha como quer por aqui. Anarquia geral. Não existe linha de montagem na minha cabeça!

(*Outro poema.*)[3]

A AMAZONA (*Liza Minelli, "Don't Smoke in Bed"*):
Sertão… nunca vivi.
Subo do lado direito da sela.
Cavalo dá voltas comigo no mesmo lugar.
Uma temporada no inferno. Rimbaud foi para o deserto.
Isabelle de Berthardt virou Tuareg. Diadorim.
Belchior fugiu para o Uruguai.
Billy the Kid e Lampião. Procurados, achados e mortos.
Raul Seixas, Caetano e Bob Dylan.
Kate fez Bob nas telas.
Quem sabe eu faço Caetano ou Raul?
Pessoa morreu mais velho que Rimbaud.
Quando pequena eu achava que Drummond tinha morrido ao tropeçar numa pedra que tinha no meio do caminho.
Meu pai cruzou o Atlântico. Há séculos que não ando a cavalo no pasto.
Victor Jara perdeu a mão em um estádio de futebol em Santiago.

2. E você, Bee?

3. Bee escuta?

224   silvia e os outsiders, ou canção bandeirosa irracional n. 6

Não fui na posse do Lula em 2003.
Vandré não canta mais. E John Lennon você sabe... a CIA.
Eu sou uma profunda conhecedora de nada. Só de Beatles.
Mas quem não é?
A fazenda é o meu último recinto. O meu último lugar.
Só que ninguém sabe disso.
Meu avô me deu um coração com candura.
Algo herdei, e vive comigo.
Guardo comigo até o dia de morrer e passar isso pra alguém. Hei de passar isso pra alguém.
Walt Whitman começou a escrever com 29. Jim e Jimmy morreram aos 27. Meu violão quebrou. Tenho uma fitinha de Simon e Garfunkel que ganhei de um namoradinho espanhol que por sua vez tinha ganhado do pai, que tinha uma boate chamada Saravá em 1981.
Ninguém em casa.
Nem o disco de Paul Simon. Ninguém. Ninguém é cidadão. Virgulino Ferreira da Silva. Steve McQueen. Alexander McQueen. Lampião criava suas próprias roupas.
Ninguém em casa. Oh lord, won't you buy me a Mercedes-Benz?

(*Olha para os lados e grita!*)

Eu sou a verdade do cerrado!

(*SILVIA também é ativista.*)

Capítulo 5

SILVIA III (*plagia cantores da MPB, recita Marlon Brando, canta o hino da Internacional no chuveiro, copia conversas de telenovela e desenho animado...*): Silvia! Como você é démodé! Se dê o mínimo de autenticidade nesse mundo. Mundo besta, meu Deus! Sem um mísero conhaque pra te comover. Convenhamos... você tem que descobrir algo novo pra falar. Sem conhaque.

marina viana

(*SILVIA grita pela grade da janela.*)

SILVIA I: Absolutamente moderno!
SILVIA II: Absolutamente burguês!
SILVIA I: Absolutamente descontextualizado!
SILVIA II: Absolutamente incoerente!
              "É preciso ser absolutamente moderno".
SILVIA III: Ironia parafraseando Rimbaud a essa altura do campeo-
              nato...
              The Dream is over What can I say.

A outsider marginal quase terrorista quer evidência. Ela quer evidência. Ela quer ser John Lennon. Uma espécie de diva comprometida com causas coletivas. Liza Minelli de esquerda. Ainda quer autoria em tempos passados de Luther Blisset.

SILVIA II: Silvia mora num porão, um dia ela vai sair anunciando a
              revolução caminhando em um tapete vermelho e provavel-
              mente cantando algum sucesso da filha de Judy Garland.
              Pobre Silvia, a pseudomártir das causas modernas perdi-
              das e que agora só quer um resto de *glamour* e deixar o
              recinto com alguma dignidade.

(*Um poema da Júnia.*)[4]

              Silvia, por que seu nome tem ipsilone?
              Silvia, você acredita em Deus?
              Silvia, é verdade que você mora num bueiro?
              Silvia, você então convive com os ratos?
              Silvia, eles querem conquistar o mundo?
              Silvia, você tem o rabo preso?
              Silvia, você é ou já foi filiada ao PT?
              Silvia, você é alguma agente secreta que presta serviço de
              traição e espionagem para o departamento de inteligên-
              cia do governo?
              Silvia, é verdade que você é o retrato de uma alemã morta?
              Silvia, você esteve de que lado do muro de Berlim?
              Silvia, você gosta de Coca-Cola?
              Silvia, você é a favor da liberação da maconha?
              Silvia, você fuma para matar os diabinhos?

4. Júnia Pereira é atriz em Belo Horizonte

226   silvia e os outsiders, ou canção bandeirosa irracional n. 6

Silvia, você é um diabinho?
Silvia, essa Bee de que você tanto fala é uma marca de
calça jeans?
Silvia, onde você aprende as gírias que usa?
Silvia, em quem você vai votar pra presidente?
Silvia, você é enigmática ou dissimulada?
Silvia, você tem a malícia de toda mulher?
Silvia, las histéricas somos lo máximo?
Silvia?
SILVIA!!!
Oh, Silvia...

(SILVIA também desconfia do seu lado ocidental.)

Capítulo 6

SILVIA também escreve.

SILVIA I: Cara Bee. Aqui quem fala é Silvia. Acho que vou sair. Prepara
o tapete. Cansei de ser Van Gogh pra te chamar de Teo...

Capítulo 7

SILVIA também foge.

SILVIA II: Silvia saiu. Ladies and gentleman... Silvia acaba de deixar
o recinto.

Capítulo 8 (ELVIS — SYLVIA)

BEE (canta): I´m waiting for a word of love from Sylvia...

marina viana

SILVIA (*reza*): Silvia é marginal... e
chora.

(*SILVIA* também bebe.)[5]

Capítulo 9

*Capítulo Revolution number 9, number 9,
number 9, number 9,...*

SILVIA III: Noite anterior: Cem reais
de cocaína pra ela e Bee.
Bicha rica de excessos,
você! Vai entender. É sempre tão difícil, na virada da
noite pro dia.

SILVIA I: Essa cocaína suja que dá
um pânico de morte,
uma tristeza de fim de
mundo. Que crueldade
deixá-la sozinha depois
de cem conto de pó. Mas
ela nunca deixa ele ficar.
Manda ele ir embora porque não quer que ele a
veja naquele estado, que
ele conhecia tão bem.
O momento de cobrar
do Brasil ou de não sei
quem a oportunidade
de ser o que nunca deixaram. O momento da
esponja expurgar todo o
chorume dos tempos passados. Tudo com cocaína

5. Primeiro era o Império. Depois veio um governo provisório e virou tudo Café com Leite. Quem é café com leite leva vantagem na brincadeira. Só que aí o chimarrão bateu o pé. E virou tudo chimarrão por um tempão. Chimarrão inventou uma porção de regras novas, umas levavam mais gente em consideração. Tipo as meninas agora podiam da pitaco na brincadeira, e mesmo quem não era dono da brincadeira, mas que brincava pra caramba, agora tinha direitos e brincava oito horas por dia. Mas se não gostasse do chimarrão, ficava de castigo. Ou num brincava nunca mais. Quando a Coca-Cola se encontrou com o chimarrão, um monte de gente foi pra Segunda Guerra Mundial. Aliás, Chimarrão aprendeu algumas coisas com Coca-Cola. Primeiro estranha-se, mas depois entranhou-se. Entranhou-se. Chimarrão desistiu da brincadeira em agosto de 1954. Mas Coca-Cola continuou vigiando porque tinha a turma da vodka que tava brincado de foice e martelo do lado esquerdo da rua, e Coca-Cola não queria que ninguém aprendesse brincadeira nova. Tinha o pessoal do exército que tinha acabado de tomar banho com alvejante e limpado todas as manchas vermelhas (o pessoal que curtia a brincadeira

da vodka, que tinha sido inventada por um chucrute no século anterior, mas o pessoal do chucrute tinha passado por uma onda muito ruim, brigaram, ficaram separados um tempão...) do exército. Assim, alvejantes e Coca-Cola tomaram conta da brincadeira por uns vinte anos. Chato pra cacete. Quando por fim resolveram que a maioria devia voltar a dar pitaco no jogo, veio um menino rico, de saco roxo, e roubou o lanche de todo mundo. Isso foi outro dia mesmo. Depois veio um moço mais estudado, mas com rabo preso com a Coca-Cola, e o povo ficava zoando ele: Fora já! Fora já daqui!...Depois, entrou um cara daqueles que brincava oito horas por dia. Foi legal. Nem todo mundo achou legal, mas foi legal. De toda forma ele aprendeu umas coisas com o chimarão, com a vodka, com a Coca-Cola e com a cachaça. Hoje tem que dar pitaco na brincadeira de novo. E é um tal de caipivodka, capeta, cuba libre, uma porrada de coquetel. E num parece legal. Tá difícil de escolher a batida. Mas pra quem brincou por vinte anos uma brincadeira chata, outro dia mesmo... Confesso que por ter crescido dentro do apartamento, sempre quis participar da brincadeira da rua, e dar pitaco nela. Às vezes, dentro do apartamento,

228 silvia e os outsiders, ou canção bandeirosa irracional n. 6

que é pra deixar tudo pequeno burguês, fragmentos de discurso de 20 em 20 minutos, percorrendo um tempo vazio que vai dar em pânico amanhã.

SILVIA II: E ela grita. E xinga ele! Vai te fudê! Bicha de merda... Você não sabe meu lado ocidental. Eu sou uma besta! Soy una esponja! Sorbo la idiossincrasia del mundo y el tabaco!

SILVIA III: Bee vai embora assoviando. Sabe que ela odeia assovios. Mas esquece. Ou não. Vai saber.

SILVIA II: Vai entender esse amor, essa dependência sádica que Bee tem por Silvia.

SILVIA III: Onde estará Silvia, ele procura... E só encontra a esponja. Silvia rememora vaias. Silvia é marginal.

Uuuuuuuuuuu

Silvia é *old school*

Uuuuuuuuuuu

Silvia é a vanguarda de fraldas

Uuuuuuuuuuu

Não votem Silvia

Uuuuuuuuuuuu

Seja Silvia, seja herói

Uuuuuuuuuuuu

Silvia é *outsider*

Uuuuuuuuuuuu.

eu até sonho com um grande recreio, sem dono da brincadeira nem nada. Haahhahahah... Mas isso é coisa de punk da Savassi, se é que eles existem. Fico aqui pensando se tomo ou não tomo a caipivodka... Sei que o curassau frozen tucano eu não tomo! Algo me lembra alvejante e Coca-Cola... Bonito e careta. Se eu tomar a caipivodka e não cair bem, eu vomito?

6. Cadê você, Beecha?

7. E você?

(Onde estará Silvia Von Harden?)[6]

SILVIA I: Em 1933, com Hitler no poder, Silvia von Harden abandonou a Alemanha. Não sabemos o que aconteceu à audaz locutora do Westdeutscher Rundfunk de Colônia. Cabe pensar o pior, pois teve muitas coisas a quesobreviver: ao nazismo, à guerra, aos bombardeios aliados – americanos durante o dia, britânicos durante a noite – ou a um duro pós-guerra de privações e enfermidades.

(SILVIA também quer historinha nova nas alterosas.)[7]

SILVIA III: Silvia saiu atrás de Bee. Tinha blocos na rua. Tinha gente na praia. A praia feita de concreto, em frente à estação de metrô. Máscaras de gatinho – aquelas feitas com fronha de travesseiro –, homens com peitinho de limão. Carmens Mirandas dignas de pesadelo e sem prestobarba. Lá estava Bee. Próximo ao pirulito da Praça Sete. A banda tocava repetidas vezes "Eivocêaímedáumdinheiroaímedaumdinheiroaí".

(*Música*)

SILVIA II: "O capeta vai estar hoje no bloco e vai matar vinte crianças!", as doninhas falavam... "O médium falou que hoje virá uma onda por trás da serra que cobrirá a cidade!". Quantos caiaques na rua. Canoas. Lanchas estacionadas rente aos muros altos da casa do prefeito e do deputado doutor Aureliano.

Um belo dia ele apareceu de verdade, o capeta. Vestia uma capa e um chapéu. Dançava cambaleante na rua, com uma garrafa na mão, não cantava Robert Johnson, cantava Nelson Gonçalves: Hojenãoexistenadamaisentrenós. Deixou o chapéu cair. Foi aí que todo mundo viu os chifres! Silvia escuta essa história desde pequena. As velhinhas começam a rezar.

SILVIA I: Aquele dia, não sabia se era carnaval ou dia da padroeira da cidade. Nossa Senhora da Boa Viagem... *Bad trip!* Isso sim. Merda de pó sujo! Procissão lado a lado com o bloco de carnaval e pessoas de biquíni na praia da estação. Bee não se aproximava. Vamos trepar! Quero trepar já que tudo acabou. Saí no dia do juízo sem saber. Fiquei tempo demais hibernando. *Underground*, de Kusturica, lembra? Claro que não. Você não vê filme europeu, muito menos europeu oriental. Y yo soy mala como película tcheca. Liliana Felipe, peguei emprestado, aquela do *Las Histéricas Somos lo Máximo*. Aquele CD que você detesta. Feminista demais. Pra uma Bee entediada como você. Um abraço pelo menos. Quanto tempo, amigo... Um abraço. Foda-se. Você vai ficar aí me olhando de longe, me vendo me relacionar com o mundo de novo. Foi você que providenciou tudo isso? Essa loucura toda?

230   silvia e os outsiders, ou canção bandeirosa irracional n. 6

SILVIA III: Aestreladalvanocéudisponta! Mudaram de música. E de repente Silvia se vê no meio do bloco. Olha pra cima como se pudesse se ver lá no meio, se olhava no meio da multidão. Voltou a procurar Bee. Bee tinha sumido. Começou a fugir. Michael Corleone fugindo em plena revolução cubana em meio a vivas a Fidel...

SILVIA I: Você abusou...quebrou meu coração, Bee...

SILVIA II: Onde estará Bee? Sumiu! Covarde! Me abandona!

SILVIA III: E foi levada junto com o bloco. Não conseguia mais ficar parada. E foi. Junto com meia dúzia de mascarados.

SILVIA I: Faz sol lá fora.

SILVIA II: Cadê a noite?

(*SILVIA desapareceu.*)[8]

Capítulo 10

SILVIA III: Silvia desapareceu. Bee canta: I´m waiting for a word of love from Sylviahhhhhh!

(*Música do Elvis ecoando pelo porão.*)[9]

FIM.

Marina Viana é atriz e dramaturga em Belo Horizonte. É integrante dos grupos Mayombe Grupo de Teatro, Teatro 171, Primeira Campainha, e é colaboradora de vários outros coletivos da cidade. Possui graduação em História, mas nunca exerceu a profissão. Autonomeou-se Dama Indigna das Alterosas em 2010. Já foi modelo vivo. Escreve manifestos e plagicombina canções alheias.

8. Eu vou.

9. Mas volto.

Este livro foi impresso na cidade de São Paulo,
nas oficinas da Orgrafic Gráfica e Editora, em julho de 2016,
para a Editora Perspectiva.